15일 완성 JLPT 일본어능력시험 합격해 VOCA N2

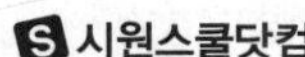

15일 완성 JLPT 합격해VOCA N2

초판 1쇄 발행 2023년 9월 27일

지은이 시원스쿨어학연구소
펴낸곳 (주)에스제이더블유인터내셔널
펴낸이 양홍걸 이시원

홈페이지 www.siwonschool.com
주소 서울시 영등포구 국회대로74길 12 시원스쿨
교재 구입 문의 02)2014-8151
고객센터 02)6409-0878

ISBN 979-11-6150-738-5 10730
Number 1-311313-22220400-08

합격해VOCA의

가장 쉬운 활용 가이드

시원스쿨 일본어 홈페이지
공부자료실 바로가기

단어 쪽지 시험 PDF

원어민 전체 음원 MP3

※ 위 학습 부가 자료들은 시원스쿨 일본어 홈페이지(japan.siwonschool.com)의 수강신청 ▸ 교재/MP3 와 학습지원센터 ▸ 공부자료실 에서도 다운로드할 수 있습니다.

목차

제1장 일본어 + 한국어 VOCA

제2장 한국어 + 일본어 VOCA

이 책의 구성 및 특징

제1장 오십음도 순 일본어 + 한국어 VOCA 학습

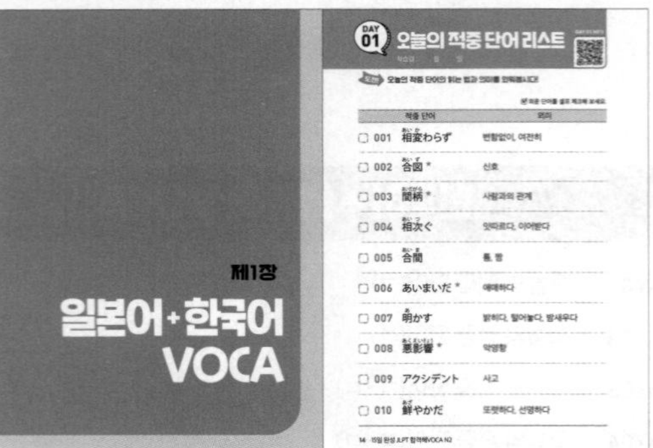

제2장 가나다 순 한국어 + 일본어 VOCA 학습

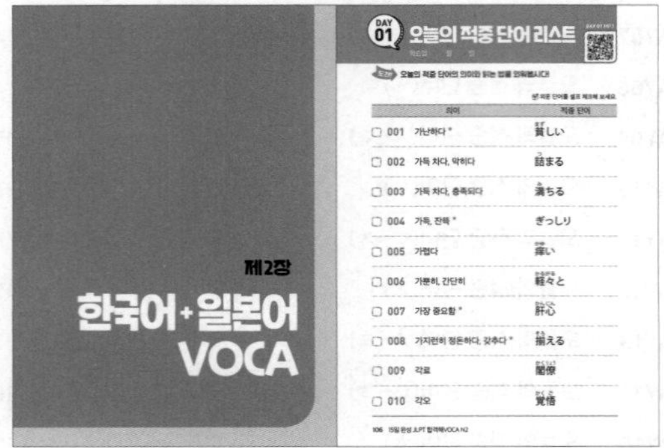

단어 JLPT 필수 단어 학습

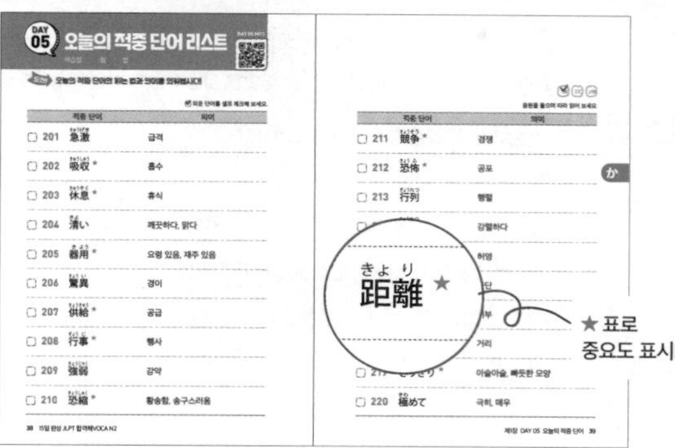

퀴즈 DAY별 퀴즈를 풀어보며 암기한 단어 복습

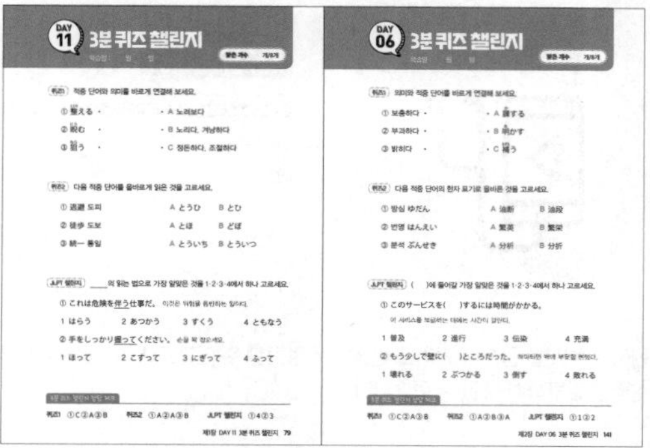

실전 실제 JLPT 기출 유형 문제로 실전까지 철저하게 대비

JLPT 챌린지 ____을 한자로 쓸 때 가장 알맞은 것을 1·2·3·4에서 하나 고르세요.

① 大会の優勝賞金を全部きふしました。

대회의 우승 상금을 전부 기부했습니다.

1 寄符　　2 貴付　　3 貴符　　4 寄付

② A大学は優秀な人材をたくさんやしなった。

A대학은 우수한 인재를 많이 배출했다.

1 養った　　2 育った　　3 習った　　4 納った

부가 자료 원어민 MP3와 단어 쪽지 시험 PDF로 셀프 체크

원어민 MP3를 들으며 단어를 반복해서 암기할 수 있고, DAY별 단어 쪽지 시험으로 실력을 탄탄하게 다질 수 있습니다.

15일 완성 학습 플랜

일자	학습 내용	학습일		데일리 체크
1일차	제1장 DAY01	월	일	☐ 001 ~ 050
2일차	제1장 DAY02	월	일	☐ 051 ~ 100
3일차	제1장 DAY03	월	일	☐ 101 ~ 150
4일차	제1장 DAY04	월	일	☐ 151 ~ 200
5일차	제1장 DAY05	월	일	☐ 201 ~ 250
1~5일차 단어 복습(PDF 제공)				
6일차	제1장 DAY06	월	일	☐ 251 ~ 300
7일차	제1장 DAY07	월	일	☐ 301 ~ 350
8일차	제1장 DAY08	월	일	☐ 351 ~ 400
9일차	제1장 DAY09	월	일	☐ 401 ~ 450
10일차	제1장 DAY10	월	일	☐ 451 ~ 500
6~10일차 단어 복습(PDF 제공)				
11일차	제1장 DAY11	월	일	☐ 501 ~ 550
12일차	제1장 DAY12	월	일	☐ 551 ~ 600
13일차	제1장 DAY13	월	일	☐ 601 ~ 650
14일차	제1장 DAY14	월	일	☐ 651 ~ 700
15일차	제1장 DAY15	월	일	☐ 701 ~ 750
11~15일차 단어 복습(PDF 제공)				

30일 완성 학습 플랜

일자	학습 내용	학습일	데일리 체크
1일차	제1장 DAY01	월 일	☐ 001 ~ 050
2일차	제1장 DAY02	월 일	☐ 051 ~ 100
3일차	제1장 DAY03	월 일	☐ 101 ~ 150
4일차	제1장 DAY04	월 일	☐ 151 ~ 200
5일차	제1장 DAY05	월 일	☐ 201 ~ 250
1~5일차 단어 복습(PDF 제공)			
6일차	제1장 DAY06	월 일	☐ 251 ~ 300
7일차	제1장 DAY07	월 일	☐ 301 ~ 350
8일차	제1장 DAY08	월 일	☐ 351 ~ 400
9일차	제1장 DAY09	월 일	☐ 401 ~ 450
10일차	제1장 DAY10	월 일	☐ 451 ~ 500
6~10일차 단어 복습(PDF 제공)			
11일차	제1장 DAY11	월 일	☐ 501 ~ 550
12일차	제1장 DAY12	월 일	☐ 551 ~ 600
13일차	제1장 DAY13	월 일	☐ 601 ~ 650
14일차	제1장 DAY14	월 일	☐ 651 ~ 700
15일차	제1장 DAY15	월 일	☐ 701 ~ 750
11~15일차 단어 복습(PDF 제공)			

일자	학습 내용	학습일	데일리 체크
16일차	제2장 DAY01	월 일	☐ 001 ~ 050
17일차	제2장 DAY02	월 일	☐ 051 ~ 100
18일차	제2장 DAY03	월 일	☐ 101 ~ 150
19일차	제2장 DAY04	월 일	☐ 151 ~ 200
20일차	제2장 DAY05	월 일	☐ 201 ~ 250
16~20일차 단어 복습(PDF 제공)			
21일차	제2장 DAY06	월 일	☐ 251 ~ 300
22일차	제2장 DAY07	월 일	☐ 301 ~ 350
23일차	제2장 DAY08	월 일	☐ 351 ~ 400
24일차	제2장 DAY09	월 일	☐ 401 ~ 450
25일차	제2장 DAY10	월 일	☐ 451 ~ 500
21~25일차 단어 복습(PDF 제공)			
26일차	제2장 DAY11	월 일	☐ 501 ~ 550
27일차	제2장 DAY12	월 일	☐ 551 ~ 600
28일차	제2장 DAY13	월 일	☐ 601 ~ 650
29일차	제2장 DAY14	월 일	☐ 651 ~ 700
30일차	제2장 DAY15	월 일	☐ 701 ~ 750
26~30일차 단어 복습(PDF 제공)			

N2

제1장

일본어+한국어 VOCA

오늘의 적중 단어 리스트

학습일 : 월 일

DAY 01 MP3

도전! 오늘의 적중 단어의 읽는 법과 의미를 외워봅시다!

☑ 외운 단어를 셀프 체크해 보세요.

		적중 단어	의미
□	001	相変(あいか)わらず	변함없이, 여전히
□	002	合図(あいず) ★	신호
□	003	間柄(あいだがら) ★	사람과의 관계
□	004	相次(あいつ)ぐ	잇따르다, 이어받다
□	005	合間(あいま)	틈, 짬
□	006	あいまいだ ★	애매하다
□	007	明(あ)かす	밝히다, 털어놓다, 밤새우다
□	008	悪影響(あくえいきょう) ★	악영향
□	009	アクシデント	사고
□	010	鮮(あざ)やかだ	또렷하다, 선명하다

음원을 들으며 따라 읽어 보세요.

	적중 단어	의미
□ 011	預かる（あずかる） ★	맡다, 보관하다
□ 012	焦る（あせる） ★	초조해하다, 안달나다
□ 013	厚かましい（あつかましい） ★	뻔뻔스럽다
□ 014	あっさり	산뜻하게, 깨끗이
□ 015	圧勝（あっしょう） ★	압승
□ 016	宛名（あてな） ★	수신인명 (받는 사람 주소 및 성명)
□ 017	当てはまる（あてはまる） ★	꼭 들어맞다
□ 018	当てる（あてる）	맞히다, 당첨하다
□ 019	アピール	어필, 호소
□ 020	甘やかす（あまやかす）	응석을 받아주다

あ

☑ 외운 단어를 셀프 체크해 보세요.

		적중 단어	의미
☐	021	怪しい(あや) ★	수상하다
☐	022	あやふや	알쏭달쏭, 불확실하고 애매모호한 모양
☐	023	過ち(あやま)	실수, 잘못
☐	024	予め(あらかじ) ★	미리, 사전에
☐	025	争う(あらそ) ★	다투다, 경쟁하다
☐	026	改めて(あらた) ★	다시, 새삼스럽게
☐	027	荒れる(あ)	거칠어지다, 황폐해지다
☐	028	アレンジ	배열, 정리, 변형
☐	029	淡い(あわ)	엷다, 희미하다
☐	030	慌ただしい(あわ)	황급하다, 어수선하다

음원을 들으며 따라 읽어 보세요.

	적중 단어	의미
☐ 031	慌(あわ)てる ★	당황하다
☐ 032	いい加減(かげん)だ	무책임하다, 대충하다, 적당히 하다
☐ 033	意外(いがい)	의외
☐ 034	生(い)かす	살리다, 발휘하다
☐ 035	移行(いこう) ★	이행, 바뀜
☐ 036	潔(いさぎよ)い	결백하다, 떳떳하다
☐ 037	維持(いじ) ★	유지
☐ 038	抱(いだ)く	안다, 보듬다
☐ 039	傷(いた)む	아프다, 상하다, 파손되다
☐ 040	一応(いちおう) ★	일단

☑ 외운 단어를 셀프 체크해 보세요.

	적중 단어	의미
☐ 041	著しい（いちじるしい）★	현저하다, 분명하다
☐ 042	一気に（いっきに）★	단숨에
☐ 043	一見（いっけん）	언뜻 보기에
☐ 044	一種（いっしゅ）	일종, 조금, 뭔가
☐ 045	一瞬（いっしゅん）	한순간, 그 순간
☐ 046	一斉に（いっせいに）	일제히
☐ 047	一層（いっそう）	한층 더, 더욱더
☐ 048	一旦（いったん）	일단, 한때
☐ 049	一致（いっち）	일치
☐ 050	いっぺんに ★	한꺼번에, 동시에

DAY 01

3분 퀴즈 챌린지

학습일 : 월 일

맞은 개수 개/8개

퀴즈1 적중 단어와 의미를 바르게 연결해 보세요.

① 預(あず)かる ・ ・ A 맡다, 보관하다

② 甘(あま)やかす ・ ・ B 당황하다

③ 慌(あわ)てる ・ ・ C 응석을 받아주다

퀴즈2 다음 적중 단어를 올바르게 읽은 것을 고르세요.

① 合図 신호 A あいず B あいど

② 争う 다투다, 경쟁하다 A きそう B あらそう

③ 維持 유지 A いじ B ゆじ

JLPT 챌린지 ____의 읽는 법으로 가장 알맞은 것을 1·2·3·4에서 하나 고르세요.

① 今回は中村選手の<u>圧勝</u>だった。 이번에는 나카무라 선수의 압승이었다.

1 ゆうしょう 2 あっしゅう 3 ゆうしゅう 4 あっしょう

② 夏には食べ物が<u>傷みやすい</u>。 여름에는 음식이 상하기 쉽다.

1 きみやすい 2 いだみやすい

3 いたみやすい 4 きずみやすい

3분 퀴즈 챌린지 정답 체크

퀴즈1 ①A②C③B 퀴즈2 ①A②B③A JLPT 챌린지 ①4②3

오늘의 적중 단어 리스트

DAY 02 MP3

오늘의 적중 단어의 읽는 법과 의미를 외워봅시다!

☑ 외운 단어를 셀프 체크해 보세요.

	적중 단어	의미
☐	**051** 意図的(いとてき)	의도적
☐	**052** 営む(いとなむ)	운영하다, 영위하다
☐	**053** 挑む(いどむ) ★	도전하다
☐	**054** 違反(いはん)	위반
☐	**055** 異文化(いぶんか) ★	이문화
☐	**056** 嫌だ(いやだ)	싫다
☐	**057** 意欲(いよく)	의욕
☐	**058** 依頼(いらい) ★	의뢰
☐	**059** 引退(いんたい)	은퇴
☐	**060** 引用(いんよう)	인용

음원을 들으며 따라 읽어 보세요.

적중 단어		의미
☐ 061	受(う)け入(い)れる	받아들이다, 수용하다
☐ 062	承(うけたまわ)る	삼가 듣다, 삼가 받다
☐ 063	薄暗(うすぐら)い	어둑어둑하다
☐ 064	打(う)ち明(あ)ける	모두 털어놓다
☐ 065	打(う)ち合(あ)わせる ★	사전에 논의하다, 협의하다
☐ 066	打(う)ち消(け)す ★	부정하다, 없애다
☐ 067	うっかり	깜빡
☐ 068	薄(うっす)ら	어렴풋이, 희미하게
☐ 069	映(うつ)る	비치다, 반영하다
☐ 070	うとうと	꾸벅꾸벅, 조는 모양

☑ 외운 단어를 셀프 체크해 보세요.

적중 단어	의미
☐ 071 促す(うながす) ★	재촉하다, 촉구하다
☐ 072 うなずく ★	끄덕이다
☐ 073 奪う(うばう) ★	빼앗다
☐ 074 埋める(うめる)	메우다, 채우다
☐ 075 敬う(うやまう) ★	공경하다, 존경하다
☐ 076 占う(うらなう)	점치다
☐ 077 潤す(うるおす)	축축하게 하다, 윤택하게 하다
☐ 078 永久(えいきゅう) ★	영구, 영원
☐ 079 偉い(えらい) ★	훌륭하다
☐ 080 得る(える) ★	얻다

음원을 들으며 따라 읽어 보세요.

	적중 단어	의미
☐ 081	円滑(えんかつ) ★	원활
☐ 082	演技(えんぎ) ★	연기
☐ 083	演説(えんぜつ) ★	연설
☐ 084	延長(えんちょう)	연장
☐ 085	円満(えんまん)	원만
☐ 086	覆(おお)う	뒤덮다, 가리다, 숨기다
☐ 087	大(おお)げさ	과장, 허풍
☐ 088	大雑把(おおざっぱ)	대략적임, 조잡함, 대충
☐ 089	オーバー	오버, 초과, 지나침
☐ 090	大幅(おおはば)	대폭, 큰 폭

☑ 외운 단어를 셀프 체크해 보세요.

	적중 단어	의미
091	侵(おか)す ★	침범하다, 침해하다
092	補(おぎな)う ★	보충하다, 변상하다
093	遅(おく)らす	늦추다, 늦게 하다
094	収(おさ)める ★	거두다, 정리해서 담다
095	納(おさ)める ★	납입하다, 거두다, 넣다
096	治(おさ)まる ★	안정되다, 다스려지다
097	惜(お)しい ★	아깝다, 애석하다
098	おしゃれ	멋짐, 멋을 냄, 멋쟁이
099	穏(おだ)やかだ	온화하다
100	劣(おと)る ★	뒤떨어지다, (~보다) 못하다

DAY 02 3분 퀴즈 챌린지

학습일 : 월 일

맞은 개수 개/8개

퀴즈1 적중 단어와 의미를 바르게 연결해 보세요.

① 打ち明ける(うちあける) · · A 사전에 논의하다, 협의하다

② 打ち消す(うちけす) · · B 모두 털어놓다

③ 打ち合わせる(うちあわせる) · · C 부정하다, 없애다

퀴즈2 다음 적중 단어를 올바르게 읽은 것을 고르세요.

① 依頼 의뢰 A いるい B いらい

② 奪う 빼앗다 A うばう B うたがう

③ 覆う 뒤덮다, 가리다, 숨기다 A おおう B おう

JLPT 챌린지 ＿＿＿의 읽는 법으로 가장 알맞은 것을 1·2·3·4에서 하나 고르세요.

① 期日までに授業料を納めた。 기일까지 수업료를 납입했다.

1 ためた 2 さだめた 3 おさめた 4 もとめた

② A社の化粧品は他社の物より品質が劣る。

A사의 화장품은 타사보다 품질이 뒤떨어진다.

1 おちる 2 おとる 3 へる 4 まける

3분 퀴즈 챌린지 정답 체크

퀴즈1 ①B②C③A 퀴즈2 ①B②A③A JLPT 챌린지 ①3②2

오늘의 적중 단어 리스트

DAY 03 MP3

학습일 : 월 일

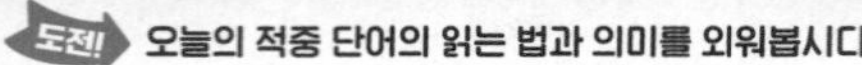

☑ 외운 단어를 셀프 체크해 보세요.

		적중 단어	의미
☐	101	主に(おも) ★	주로, 대부분
☐	102	及ぼす(およ)	(영향, 피해) 미치다
☐	103	温厚(おんこう)	온후
☐	104	温暖(おんだん) ★	온난
☐	105	会計(かいけい)	회계, 계산
☐	106	外見(がいけん) ★	외견, 겉보기
☐	107	介護(かいご)	개호, 간호
☐	108	開催(かいさい)	개최
☐	109	解散(かいさん)	해산
☐	110	改正(かいせい) ★	개정

음원을 들으며 따라 읽어 보세요.

		적중 단어	의미
☐	111	開設(かいせつ)	개설
☐	112	改善(かいぜん) ★	개선
☐	113	改造(かいぞう) ★	개조
☐	114	快調(かいちょう)	쾌조, 호조
☐	115	改訂(かいてい) ★	개정
☐	116	快適(かいてき)	쾌적
☐	117	開封(かいふう) ★	개봉
☐	118	開放(かいほう)	개방
☐	119	解放(かいほう) ★	해방
☐	120	開幕(かいまく)	개막

か

☑ 외운 단어를 셀프 체크해 보세요.

	적중 단어	의미
□ 121	解明(かいめい)	해명
□ 122	解約(かいやく)	해약
□ 123	抱(かか)える ★	안다, 껴안다
□ 124	欠(か)かす ★	빠뜨리다
□ 125	覚悟(かくご)	각오
□ 126	拡散(かくさん)	확산
□ 127	拡充(かくじゅう)	확충
□ 128	格段(かくだん)に	현격히
□ 129	拡張(かくちょう) ★	확장
□ 130	獲得(かくとく)	획득

음원을 들으며 따라 읽어 보세요.

		적중 단어	의미
□	131	確保(かくほ) ★	확보
□	132	隔離(かくり) ★	격리
□	133	閣僚(かくりょう)	각료
□	134	影(かげ)	그림자
□	135	過剰(かじょう) ★	과잉
□	136	微か(かすか) ★	희미함, 미미함
□	137	課する(かする)	부과하다
□	138	稼ぐ(かせぐ)	벌다
□	139	傾く(かたむく)	기울다, 치우치다
□	140	傾ける(かたむける)	기울이다, 집중하다

か

☑ 외운 단어를 셀프 체크해 보세요.

적중 단어		의미
☐ 141	活気(かっき) ★	활기
☐ 142	勝手(かって)	제멋대로 함
☐ 143	かつて	일찍이, 예전부터
☐ 144	活発(かっぱつ) ★	활발
☐ 145	合併(がっぺい) ★	합병
☐ 146	活躍(かつやく)	활약
☐ 147	敵う(かなう) ★	대적하다
☐ 148	叶う(かなう)	희망대로 되다, 이루어지다
☐ 149	痒い(かゆい)	가렵다
☐ 150	仮採用(かりさいよう) ★	임시 채용

DAY 03 3분 퀴즈 챌린지

학습일 : 월 일

맞은 개수 개/8개

퀴즈1 적중 단어와 의미를 바르게 연결해 보세요.

① 稼ぐ(かせ) · · A 벌다

② 敵う(かな) · · B 기울다, 치우치다

③ 傾く(かたむ) · · C 대적하다

퀴즈2 다음 적중 단어를 올바르게 읽은 것을 고르세요.

① 介護 개호, 간호 A かいご B かいほ

② 開封 개봉 A かいふう B かいほう

③ 拡充 확충 A かくちゅう B かくじゅう

JLPT 챌린지 ＿＿의 읽는 법으로 가장 알맞은 것을 1·2·3·4에서 하나 고르세요.

① 忙しくて勉強時間を<u>確保</u>するのが難しい。

바빠서 공부 시간을 확보하는 것이 어렵다.

1 かくぼ 2 かくほ 3 かくぼう 4 かくほう

② その仕事を一人で<u>抱える</u>のは大変そうだ。

그 일을 혼자 떠안는 것은 힘들 것 같다.

1 おさえる 2 つかまえる 3 かかえる 4 ささえる

3분 퀴즈 챌린지 정답 체크

퀴즈1 ①A ②C ③B 퀴즈2 ①A ②A ③B JLPT 챌린지 ①2 ②3

오늘의 적중 단어 리스트

학습일 : 월 일

DAY 04 MP3

오늘의 적중 단어의 읽는 법과 의미를 외워봅시다!

☑ 외운 단어를 셀프 체크해 보세요.

		적중 단어	의미
☐	151	軽々と(かるがる)	가뿐히, 간단히
☐	152	辛うじて(かろ)	겨우, 간신히
☐	153	交す(かわ)	주고받다, 교차하다
☐	154	為替(かわせ) ★	외환
☐	155	簡潔(かんけつ) ★	간결
☐	156	勧告(かんこく)	권고
☐	157	観察(かんさつ)	관찰
☐	158	閑散(かんさん)	한산
☐	159	勘定(かんじょう) ★	계산
☐	160	頑丈だ(がんじょう) ★	튼튼하다

음원을 들으며 따라 읽어 보세요.

	적중 단어	의미
□ 161	肝心(かんじん) ★	가장 중요함
□ 162	勘違い(かんちがい)	착각
□ 163	願望(がんぼう)	소원, 바람
□ 164	勧誘(かんゆう) ★	권유
□ 165	含有(がんゆう)	함유
□ 166	簡略(かんりゃく)	간략
□ 167	完了(かんりょう) ★	완료
□ 168	緩和(かんわ)	완화
□ 169	記憶(きおく) ★	기억
□ 170	規格(きかく) ★	규격

か

☑ 외운 단어를 셀프 체크해 보세요.

	적중 단어	의미
☐ 171	気軽(きがる)に	편하게, 선뜻
☐ 172	危機感(ききかん)	위기감
☐ 173	気配(きくば)り	배려
☐ 174	機嫌(きげん) ★	기분, 비위
☐ 175	気候(きこう)	기후
☐ 176	気心(きごころ)	속마음, 기질
☐ 177	ぎざぎざ	들쑥날쑥, 톱니바퀴 같은 모양
☐ 178	生地(きじ)	옷감, 반죽
☐ 179	技術(ぎじゅつ) ★	기술
☐ 180	気象(きしょう)	기상, 대기

	적중 단어	의미
□ 181	起床(きしょう)	기상, 일어남
□ 182	希少(きしょう) ★	희소, 매우 드묾
□ 183	築(きず)く ★	쌓아 올리다, 구축하다
□ 184	帰省(きせい)	귀성
□ 185	競(きそ)う ★	다투다, 경쟁하다
□ 186	鍛(きた)える ★	단련하다, 훈련하다
□ 187	きちんと ★	정확히
□ 188	ぎっしり ★	가득, 잔뜩
□ 189	きっぱり ★	딱 잘라, 단호히
□ 190	軌道(きどう)	궤도

☑ 외운 단어를 셀프 체크해 보세요.

		적중 단어	의미
□	191	機敏(きびん)	기민
□	192	寄付(きふ)	기부
□	193	起伏(きふく)	기복
□	194	規模(きぼ) ★	규모
□	195	気安い(きやすい)	허물없다, 거리낌 없다
□	196	却下(きゃっか)	각하, 기각
□	197	キャンセル ★	캔슬, 취소
□	198	救援(きゅうえん)	구원
□	199	急遽(きゅうきょ)	급거, 허둥지둥, 갑작스레
□	200	究極(きゅうきょく)	궁극

DAY 04 3분 퀴즈 챌린지

학습일 : 월 일

맞은 개수 개/8개

퀴즈1 적중 단어와 의미를 바르게 연결해 보세요.

① 築く(きずく) ·	· A 주고받다, 교차하다
② 鍛える(きたえる) ·	· B 단련하다, 훈련하다
③ 交わす(かわす) ·	· C 쌓아 올리다, 구축하다

퀴즈2 다음 적중 단어를 올바르게 읽은 것을 고르세요.

① 肝心 가장 중요함	A かんしん	B かんじん
② 技術 기술	A ぎじゅつ	B きじゅつ
③ 規模 규모	A きも	B きぼ

JLPT 챌린지 ＿＿＿의 읽는 법으로 가장 알맞은 것을 1·2·3·4에서 하나 고르세요.

① A社は世界でトップを<u>競って</u>いる。 A사는 세계에서 톱을 다투고 있다.

1 きそって　　2 あらそって　　3 ねらって　　4 うばって

② 説明は<u>簡潔</u>に書いてください。 설명은 간결하게 써 주세요.

1 がんけつ　　2 かんけつ　　3 こんけつ　　4 こんげつ

3분 퀴즈 챌린지 정답 체크

퀴즈1 ①C ②B ③A　　퀴즈2 ①B ②A ③B　　JLPT 챌린지 ①1 ②2

오늘의 적중 단어 리스트

학습일 : 월 일

DAY 05 MP3

오늘의 적중 단어의 읽는 법과 의미를 외워봅시다!

☑ 외운 단어를 셀프 체크해 보세요.

	적중 단어	의미
☐ 201	急激(きゅうげき)	급격
☐ 202	吸収(きゅうしゅう) ★	흡수
☐ 203	休息(きゅうそく) ★	휴식
☐ 204	清(きよ)い	깨끗하다, 맑다
☐ 205	器用(きよう) ★	요령 있음, 재주 있음
☐ 206	驚異(きょうい)	경이
☐ 207	供給(きょうきゅう) ★	공급
☐ 208	行事(ぎょうじ) ★	행사
☐ 209	強弱(きょうじゃく)	강약
☐ 210	恐縮(きょうしゅく) ★	황송함, 송구스러움

음원을 들으며 따라 읽어 보세요.

	적중 단어	의미
☐ 211	競争(きょうそう) ★	경쟁
☐ 212	恐怖(きょうふ) ★	공포
☐ 213	行列(ぎょうれつ)	행렬
☐ 214	強烈(きょうれつ)だ	강렬하다
☐ 215	虚栄(きょえい)	허영
☐ 216	極端(きょくたん)	극단
☐ 217	拒否(きょひ) ★	거부
☐ 218	距離(きょり) ★	거리
☐ 219	ぎりぎり ★	아슬아슬, 빠듯한 모양
☐ 220	極(きわ)めて	극히, 매우

☑ 외운 단어를 셀프 체크해 보세요.

적중 단어	의미
☐ 221 緊張(きんちょう) ★	긴장
☐ 222 緊迫(きんぱく)	긴박
☐ 223 近辺(きんぺん)	부근
☐ 224 偶然(ぐうぜん) ★	우연, 우연히
☐ 225 腐(くさ)る ★	썩다
☐ 226 苦情(くじょう)	불평, 불만
☐ 227 崩(くず)す	무너뜨리다
☐ 228 崩(くず)れる	무너지다, 붕괴되다
☐ 229 砕(くだ)く ★	부수다, 깨뜨리다
☐ 230 くっきり	또렷이, 선명하게

음원을 들으며 따라 읽어 보세요.

적중 단어	의미
☐ 231 ぐったり	축, 곤히, 녹초가 된 모양
☐ 232 諄い(くどい)	장황하다, 끈덕지다
☐ 233 区分(くぶん)	구분
☐ 234 悔しい(くやしい) ★	분하다, 속상하다
☐ 235 暮す(くらす)	살다, 지내다
☐ 236 暗闇(くらやみ)	어둠, 눈에 띄지 않는 곳
☐ 237 クリア	클리어, 합격
☐ 238 玄人(くろうと) ★	전문가, 숙련자
☐ 239 軽快(けいかい)	경쾌
☐ 240 契機(けいき)	계기

か

☑ 외운 단어를 셀프 체크해 보세요.

		적중 단어	의미
☐	241	傾向(けいこう) ★	경향
☐	242	掲載(けいさい)	게재
☐	243	掲示(けいじ) ★	게시
☐	244	傾斜(けいしゃ) ★	경사, 기울
☐	245	継続(けいぞく)	계속
☐	246	警備(けいび)	경비
☐	247	劇的に(げきてき) ★	극적으로
☐	248	下旬(げじゅん) ★	하순
☐	249	欠陥(けっかん) ★	결함
☐	250	傑作(けっさく)	걸작

DAY 05

3분 퀴즈 챌린지

학습일 : 월 일

맞은 개수 개/8개

퀴즈1 적중 단어와 의미를 바르게 연결해 보세요.

① 腐る(くさる) ・ ・ A 부수다, 깨뜨리다

② 砕く(くだく) ・ ・ B 썩다

③ 崩れる(くずれる) ・ ・ C 무너지다, 붕괴되다

퀴즈2 다음 적중 단어를 올바르게 읽은 것을 고르세요.

① 継続 계속 A けいぞく B けいそく

② 下旬 하순 A かじゅん B げじゅん

③ 拒否 거부 A きょふ B きょひ

JLPT 챌린지 _____의 읽는 법으로 가장 알맞은 것을 1·2·3·4에서 하나 고르세요.

① 昨日、とても<u>悔しい</u>事件があった。 어제 매우 분한 사건이 있었다.

1 おそろしい 2 はずかしい 3 くやしい 4 かなしい

② 明日は会社の<u>行事</u>に参加します。 내일은 회사 행사에 참가합니다.

1 ぎょうじ 2 こうごと 3 こうじ 4 ぎょうごと

3분 퀴즈 챌린지 정답 체크

퀴즈1 ①B②A③C 퀴즈2 ①A②B③B JLPT 챌린지 ①3②1

오늘의 적중 단어 리스트

학습일 : 월 일

DAY 06 MP3

오늘의 적중 단어의 읽는 법과 의미를 외워봅시다!

☑ 외운 단어를 셀프 체크해 보세요.

적중 단어		의미
□ 251	潔白（けっぱく）	결백
□ 252	険しい（けわしい） ★	험하다
□ 253	検索（けんさく）	검색
□ 254	現象（げんしょう）	현상
□ 255	現制度（げんせいど）	현 제도
□ 256	謙遜（けんそん）	겸손
□ 257	限定（げんてい） ★	한정
□ 258	検討（けんとう）	검토
□ 259	見当（けんとう）	짐작, 예상
□ 260	憲法（けんぽう）	헌법

음원을 들으며 따라 읽어 보세요.

		적중 단어	의미
☐	261	賢明(けんめい)	현명
☐	262	懸命(けんめい)	힘껏 함, 열심히 함
☐	263	濃(こ)い ★	짙다, 진하다
☐	264	強引(ごういん)に ★	강제로, 억지로
☐	265	豪華(ごうか)だ	호화스럽다
☐	266	交換(こうかん) ★	교환
☐	267	攻撃(こうげき)	공격
☐	268	貢献(こうけん) ★	공헌
☐	269	講師(こうし)	강사
☐	270	口実(こうじつ)	구실, 변명

か

☑ 외운 단어를 셀프 체크해 보세요.

적중 단어	의미
☐ 271 交渉(こうしょう)	교섭
☐ 272 更新(こうしん)	갱신
☐ 273 洪水(こうずい) ★	홍수
☐ 274 功績(こうせき)	공적
☐ 275 高層(こうそう)	고층
☐ 276 構造(こうぞう) ★	구조
☐ 277 交代(こうたい) ★	교대
☐ 278 合同(ごうどう)	합동
☐ 279 候補(こうほ) ★	후보
☐ 280 考慮(こうりょ)	고려

음원을 들으며 따라 읽어 보세요.

	적중 단어	의미
☐ 281	恒例(こうれい) ★	항례, 보통 있는 일
☐ 282	凍(こお)る	얼다
☐ 283	呼吸(こきゅう)	호흡
☐ 284	焦(こ)げる ★	타다
☐ 285	心当(こころあ)たり	짐작 가는 곳, 짚이는 데
☐ 286	ごちゃごちゃ	복작복작, 너저분하고 어수선한 모양
☐ 287	こつこつ ★	꾸준히, 노력하는 모양
☐ 288	拒(こば)む ★	거부하다
☐ 289	堪(こら)える ★	참다, 견디다
☐ 290	孤立(こりつ) ★	고립

か

☑ 외운 단어를 셀프 체크해 보세요.

		적중 단어	의미
☐	291	ごろごろ	데굴데굴, 묵직한 물건이 구르는 모양
☐	292	混雑(こんざつ) ★	혼잡
☐	293	献立(こんだて) ★	식단, 메뉴
☐	294	混乱(こんらん) ★	혼란
☐	295	催促(さいそく) ★	재촉
☐	296	再度(さいど) ★	재차
☐	297	栽培(さいばい) ★	재배
☐	298	遮る(さえぎる) ★	차단하다, 방해하다
☐	299	遡る(さかのぼる) ★	거슬러 올라가다
☐	300	逆らう(さからう)	거스르다

DAY 06

3분 퀴즈 챌린지

학습일 : 월 일

맞은 개수 개/8개

퀴즈1 적중 단어와 의미를 바르게 연결해 보세요.

① 遮(さえぎ)る ・ ・ A 참다, 견디다

② 堪(こら)える ・ ・ B 거부하다

③ 拒(こば)む ・ ・ C 차단하다, 방해하다

퀴즈2 다음 적중 단어를 올바르게 읽은 것을 고르세요.

① 憲法 헌법 A けっぽう B けんぽう

② 強引に 강제로, 억지로 A きょういんに B ごういんに

③ 功績 공적 A くうてき B こうせき

JLPT 챌린지 ＿＿＿을 한자로 쓸 때 가장 알맞은 것을 1·2·3·4에서 하나 고르세요.

① 火が強すぎて、魚が<u>こげて</u>しまった。 불이 너무 세서 생선이 타 버렸다.

1 焦げて 2 焼げて 3 熱げて 4 煙げて

② 今年はとても寒くて、海が<u>こおった</u>。

올해는 너무 추워서 바다가 얼었다.

1 凍った 2 固った 3 冷った 4 結った

3분 퀴즈 챌린지 정답 체크

퀴즈1 ①C ②A ③B 퀴즈2 ①B ②B ③B JLPT 챌린지 ①1 ②1

오늘의 적중 단어 리스트

DAY 07 MP3

학습일 :　　월　　일

오늘의 적중 단어의 읽는 법과 의미를 외워봅시다!

☑ 외운 단어를 셀프 체크해 보세요.

	적중 단어	의미
□ 301	削除(さくじょ)	삭제
□ 302	作成(さくせい)	작성
□ 303	作品集(さくひんしゅう)	작품집
□ 304	探(さぐ)る ★	뒤지다, 찾다
□ 305	避(さ)ける ★	피하다, 꺼리다
□ 306	ささやかだ ★	사소하다, 보잘 것 없다
□ 307	差(さ)し支(つか)える ★	지장이 있다
□ 308	定(さだ)める ★	정하다
□ 309	さっさと ★	빨리빨리
□ 310	雑(ざつ)だ	조잡하다, 엉성하다

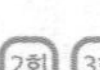

1회 2회 3회

음원을 들으며 따라 읽어 보세요.

	적중 단어	의미
☐ 311	ざっと	대충, 대강
☐ 312	錆(さ)びる ★	녹슬다
☐ 313	左右(さゆう) ★	좌우
☐ 314	さらさら	바슬바슬, 습기가 없이 끈적거리지 않는 모양
☐ 315	騒(さわ)がす	소란스럽게 하다
☐ 316	爽(さわ)やかだ	상쾌하다, 시원하다
☐ 317	支援(しえん) ★	지원, 원조
☐ 318	直(じか)に ★	직접
☐ 319	志願(しがん) ★	지원, 자원
☐ 320	至急(しきゅう)	시급히

さ

☑ 외운 단어를 셀프 체크해 보세요.

	적중 단어	의미
☐ 321	刺激(しげき)	자극
☐ 322	持参(じさん)	지참
☐ 323	姿勢(しせい) ★	자세
☐ 324	辞退(じたい) ★	사퇴
☐ 325	次第(しだい)に	점점, 점차
☐ 326	じたばた	버둥버둥, 몸부림치는 모양
☐ 327	しつこい	끈질기다
☐ 328	失望(しつぼう)	실망
☐ 329	児童(じどう) ★	아동
☐ 330	淑(しと)やかだ ★	얌전하다, 단아하다

음원을 들으며 따라 읽어 보세요.

	적중 단어	의미
☐ 331	しばしば	자주, 여러 번
☐ 332	しばらく ★	잠깐, 당분간
☐ 333	絞(しぼ)る ★	쥐어짜다, 좁히다
☐ 334	仕(し)舞(ま)う ★	간수하다, 간직하다
☐ 335	しみじみ	절절히, 마음속에 절실히 느끼는 모양
☐ 336	地(じ)味(み)だ	수수하다
☐ 337	染(し)みる	스며들다
☐ 338	締(し)め切(き)る ★	마감하다
☐ 339	じめじめ ★	축축, 습기가 많은 모양
☐ 340	湿(しめ)る	축축해지다, 습기 차다

さ

☑ 외운 단어를 셀프 체크해 보세요.

	적중 단어		의미
☐	341	占(し)める ★	차지하다
☐	342	若干(じゃっかん) ★	약간
☐	343	収穫(しゅうかく) ★	수확
☐	344	住居(じゅうきょ)	주거
☐	345	柔軟(じゅうなん)だ ★	유연하다
☐	346	取材(しゅざい) ★	취재
☐	347	出世(しゅっせ) ★	출세
☐	348	取得(しゅとく)	취득
☐	349	趣味(しゅみ) ★	취미
☐	350	準決勝(じゅんけっしょう) ★	준결승

DAY 07 3분 퀴즈 챌린지

학습일 : 월 일

맞은 개수 개/8개

퀴즈1 적중 단어와 의미를 바르게 연결해 보세요.

① 定(さだ)める • • A 녹슬다

② 絞(しぼ)る • • B 정하다

③ 錆(さ)びる • • C 쥐어짜다, 좁히다

퀴즈2 다음 적중 단어를 올바르게 읽은 것을 고르세요.

① 姿勢 자세 A じせい B しせい

② 取得 취득 A しゅとく B しゅうどく

③ 至急 시급히 A しきゅう B じきゅう

JLPT 챌린지 ＿＿의 읽는 법으로 가장 알맞은 것을 1·2·3·4에서 하나 고르세요.

① 店員は柔軟に対応してくれた。 점원은 유연하게 대응해 주었다.

1 じゅうなん 2 じゅうけつ 3 じゅなん 4 じゅけつ

② まだ服が湿っているから、もっと干しましょう。

아직 옷이 축축하니까 더 말립시다.

1 こおって 2 しめって 3 たまって 4 にごって

3분 퀴즈 챌린지 정답 체크

퀴즈1 ①B②C③A **퀴즈2** ①B②A③A **JLPT 챌린지** ①1②2

오늘의 적중 단어 리스트

학습일 : 월 일

DAY 08 MP3

오늘의 적중 단어의 읽는 법과 의미를 외워봅시다!

☑ 외운 단어를 셀프 체크해 보세요.

		적중 단어	의미
□	351	順調(じゅんちょう) ★	순조
□	352	障害(しょうがい)	장애, 방해물
□	353	上昇(じょうしょう)	상승
□	354	生(しょう)じる ★	생기다
□	355	情勢(じょうせい)	정세, 형세
□	356	状態(じょうたい)	상태
□	357	招待状(しょうたいじょう) ★	초대장
□	358	象徴(しょうちょう) ★	상징
□	359	焦点(しょうてん) ★	초점
□	360	勝敗(しょうはい)	승패

음원을 들으며 따라 읽어 보세요.

	적중 단어	의미
☐ 361	勝負(しょうぶ)	승부
☐ 362	省略(しょうりゃく) ★	생략
☐ 363	徐々に(じょじょ)	서서히, 점차
☐ 364	食器類(しょっきるい) ★	식기류
☐ 365	ショック	쇼크, 충격
☐ 366	初歩(しょほ) ★	초보, 첫걸음
☐ 367	諸問題(しょもんだい) ★	여러 문제
☐ 368	序列(じょれつ) ★	서열, 순서
☐ 369	じろじろ ★	빤히, 뚫어지게 쳐다보는 모양
☐ 370	真剣だ(しんけん)	진지하다

さ

☑ 외운 단어를 셀프 체크해 보세요.

		적중 단어	의미
☐	371	深刻(しんこく)	심각
☐	372	慎重(しんちょう)に ★	신중하게
☐	373	信頼(しんらい)	신뢰
☐	374	炊事(すいじ) ★	취사
☐	375	推進力(すいしんりょく) ★	추진력
☐	376	推薦(すいせん) ★	추천
☐	377	垂直(すいちょく) ★	수직
☐	378	図々(ずうずう)しい ★	뻔뻔스럽다
☐	379	隙間(すきま) ★	틈, 짬
☐	380	救(すく)う ★	구하다, 살리다

음원을 들으며 따라 읽어 보세요.

		적중 단어	의미
☐	381	少(すく)なくとも	적어도
☐	382	すぐに ★	바로, 즉시
☐	383	すっかり ★	완전히, 몽땅
☐	384	すっきり	싹, 산뜻한 모양
☐	385	スペース	스페이스, 공간
☐	386	澄(す)ます	깨끗이 하다, 맑게 하다
☐	387	スムーズだ	순탄하다, 매끄럽다
☐	388	すらすら	술술, 막힘없이 진행되는 모양
☐	389	狡(ずる)い ★	교활하다, 능글맞다
☐	390	精算(せいさん)	정산

さ

☑ 외운 단어를 셀프 체크해 보세요.

	적중 단어	의미
☐ 391	製造(せいぞう) ★	제조
☐ 392	贅沢(ぜいたく) ★	사치스러움, 호화로움
☐ 393	世間(せけん) ★	세간, 세상
☐ 394	世代(せだい) ★	세대
☐ 395	せっかく ★	모처럼
☐ 396	積極的(せっきょくてき) ★	적극적
☐ 397	接触(せっしょく)	접촉
☐ 398	接(せっ)する	접하다, 만나다
☐ 399	せっせと	열심히, 부지런히
☐ 400	接続(せつぞく) ★	접속

DAY 08 3분 퀴즈 챌린지

학습일 : 월 일

맞은 개수 개/8개

퀴즈1 적중 단어와 의미를 바르게 연결해 보세요.

① 炊事(すいじ) ・ ・ A 취사

② 狡い(ずるい) ・ ・ B 교활하다, 능글맞다

③ 障害(しょうがい) ・ ・ C 장애, 방해물

퀴즈2 다음 적중 단어를 올바르게 읽은 것을 고르세요.

① 隙間 틈, 짬 A すきま B すけま

② 焦点 초점 A しょうてん B ちょうてん

③ 製造 제조 A せいぞう B せいそう

JLPT 챌린지 ____의 읽는 법으로 가장 알맞은 것을 1·2·3·4에서 하나 고르세요.

① ここは<u>省略</u>してもかまわない。 여기는 생략해도 상관없다.

1 しょうかく 2 しょうらく

3 しょうじゃく 4 しょうりゃく

② パソコンに他のユーザーが<u>接続</u>されている。

PC에 다른 사용자가 접속되어 있다.

1 せっそく 2 せつぞく 3 ぜっそく 4 ぜつぞく

3분 퀴즈 챌린지 정답 체크

퀴즈1 ①A②B③C 퀴즈2 ①A②A③A JLPT 챌린지 ①4②2

오늘의 적중 단어 리스트

DAY 09 MP3

학습일 : 월 일

오늘의 적중 단어의 읽는 법과 의미를 외워봅시다!

☑ 외운 단어를 셀프 체크해 보세요.

	적중 단어	의미
☐ 401	説得(せっとく) ★	설득
☐ 402	設備(せつび) ★	설비
☐ 403	節約(せつやく) ★	절약
☐ 404	迫(せま)る	다가오다, 닥쳐오다
☐ 405	攻(せ)める ★	공격하다
☐ 406	専属(せんぞく) ★	전속
☐ 407	鮮明(せんめい)だ	선명하다
☐ 408	総売上(そううりあげ) ★	총 판매액
☐ 409	爽快(そうかい)だ	상쾌하다
☐ 410	総額(そうがく)	총액

음원을 들으며 따라 읽어 보세요.

		적중 단어	의미
☐	411	遭遇 (そうぐう)	조우, 우연히 만남
☐	412	送迎 (そうげい)	송영, 픽업
☐	413	相互 (そうご) ★	상호
☐	414	装置 (そうち) ★	장치
☐	415	続出 (ぞくしゅつ) ★	속출
☐	416	属する (ぞく)	속하다
☐	417	組織 (そしき) ★	조직
☐	418	そそっかしい ★	덜렁대다, 경솔하다
☐	419	措置 (そち)	조치
☐	420	率直だ (そっちょく)	솔직하다

☑ 외운 단어를 셀프 체크해 보세요.

		적중 단어	의미
□	421	備(そな)える ★	대비하다, 갖추다, 구비하다
□	422	ソフトだ	부드럽다
□	423	素朴(そぼく)だ	소박하다
□	424	粗末(そまつ)だ	허술하다, 변변찮다
□	425	揃(そろ)える ★	가지런히 정돈하다, 갖추다
□	426	ぞろぞろ	줄줄, 잇달아 끌리는 모양
□	427	そわそわ	싱숭생숭, 안절부절 불안한 모양
□	428	損害(そんがい)	손해
□	429	尊重(そんちょう) ★	존중
□	430	ターゲット	타깃, 목표

음원을 들으며 따라 읽어 보세요.

적중 단어	의미
☐ 431 体格(たいかく)	체격
☐ 432 待遇(たいぐう)	대우, 처우
☐ 433 退屈だ(たいくつ) ★	따분하다, 지루하다
☐ 434 退出(たいしゅつ) ★	퇴출
☐ 435 対処(たいしょ)	대처
☐ 436 退場(たいじょう) ★	퇴장
☐ 437 大体(だいたい)	대충, 대강
☐ 438 大胆だ(だいたん)	대담하다, 당돌하다
☐ 439 滞納(たいのう)	체납
☐ 440 耕す(たがや) ★	경작하다

た

☑ 외운 단어를 셀프 체크해 보세요.

		적중 단어	의미
□	441	蓄(たくわ)える ★	비축하다, 기르다
□	442	多彩(たさい)だ	다채롭다
□	443	只(ただ)	다만, 단지, 그저
□	444	直(ただ)ちに ★	곧, 즉각, 바로, 직접
□	445	畳(たた)む ★	접다, 개다
□	446	漂(ただよ)う ★	떠돌다, 감돌다
□	447	忽(たちま)ち ★	홀연, 곧, 금세
□	448	たっぷり	듬뿍, 충분한 모양
□	449	妥当(だとう) ★	타당, 적절
□	450	束(たば)ねる ★	묶다, 통솔하다

DAY 09 3분 퀴즈 챌린지

학습일 : 월 일

맞은 개수 개/8개

퀴즈1 적중 단어와 의미를 바르게 연결해 보세요.

① 迫る(せま) ・　　・ A 비축하다, 기르다

② 蓄える(たくわ) ・　　・ B 떠돌다, 감돌다

③ 漂う(ただよ) ・　　・ C 다가오다, 닥쳐오다

퀴즈2 다음 적중 단어를 올바르게 읽은 것을 고르세요.

① 措置 조치　A そうち　B そち

② 揃える 가지런히 정돈하다, 갖추다　A そなえる　B そろえる

③ 滞納 체납　A ていのう　B たいのう

JLPT 챌린지 ＿＿의 읽는 법으로 가장 알맞은 것을 1·2·3·4에서 하나 고르세요.

① 今月の予算は総額で50万円だそうだ。

이번 달 예산은 총액 50만 엔이라고 한다.

1 こうかく　2 こうがく　3 そうかく　4 そうがく

② 古い雑誌や本をひもで束ねた。 오래된 잡지나 책을 끈으로 묶었다.

1 つつねた　2 たばねた　3 そくねた　4 けつねた

3분 퀴즈 챌린지 정답 체크

퀴즈1 ① C ② A ③ B　**퀴즈2** ① B ② B ③ B　**JLPT 챌린지** ① 4 ② 2

오늘의 적중 단어 리스트

DAY 10 MP3

학습일 : 월 일

오늘의 적중 단어의 읽는 법과 의미를 외워봅시다!

☑ 외운 단어를 셀프 체크해 보세요.

	적중 단어	의미
☐ 451	だぶだぶ	헐렁헐렁, 몸에 맞지 않는 모양
☐ 452	躊躇う (ためらう) ★	주저하다, 망설이다
☐ 453	頼る (たよる) ★	의지하다, 믿다
☐ 454	だらしない	칠칠치 못하다
☐ 455	短気 (たんき) ★	성질 급함
☐ 456	単純だ (たんじゅんだ) ★	단순하다
☐ 457	チェンジ	체인지, 교체
☐ 458	近々 (ちかぢか)	머지않아, 가까이
☐ 459	縮む (ちぢむ)	주름이 지다, 줄어들다
☐ 460	着々と (ちゃくちゃくと)	척척, 순조롭게

음원을 들으며 따라 읽어 보세요.

		적중 단어	의미
☐	461	昼間(ちゅうかん) ★	주간, 낮
☐	462	中継(ちゅうけい) ★	중계
☐	463	忠実(ちゅうじつ)	충실
☐	464	抽象的(ちゅうしょうてき)	추상적
☐	465	抽選(ちゅうせん) ★	추첨
☐	466	中断(ちゅうだん) ★	중단
☐	467	頂上(ちょうじょう) ★	정상
☐	468	調節(ちょうせつ) ★	조절
☐	469	頂戴(ちょうだい)する	윗사람에게 받다
☐	470	直前(ちょくぜん)	직전

た

☑ 외운 단어를 셀프 체크해 보세요.

		적중 단어	의미
☐	471	ちょくちょく	이따금, 가끔
☐	472	直径(ちょっけい)	직경
☐	473	散(ち)らかる ★	흩어지다, 어질러지다
☐	474	治療(ちりょう)	치료
☐	475	賃金(ちんぎん)	임금, 보수
☐	476	追跡(ついせき)	추적
☐	477	掴(つか)む	잡다
☐	478	尽(つ)きる	다하다, 끝나다
☐	479	つくづくと ★	곰곰이, 지그시, 정말
☐	480	慎(つつし)む ★	삼가다, 조심하다

음원을 들으며 따라 읽어 보세요.

	적중 단어	의미
□ 481	務(つと)める ★	(임무를) 맡다
□ 482	努(つと)める ★	노력하다, 힘쓰다
□ 483	繋(つな)がる	이어지다, 연결되다
□ 484	つまずく	발이 걸려 넘어지다, 실패하다
□ 485	摘(つ)まむ	집다, 요약하다
□ 486	詰(つ)まる	가득 차다, 막히다
□ 487	貫(つらぬ)く ★	관통하다, 관철하다
□ 488	提供(ていきょう) ★	제공
□ 489	提携(ていけい) ★	제휴
□ 490	抵抗(ていこう)	저항

た

☑ 외운 단어를 셀프 체크해 보세요.

적중 단어		의미
☐ 491	提示(ていじ) ★	제시
☐ 492	訂正(ていせい) ★	정정
☐ 493	手入れ(ていれ) ★	손질, 단속
☐ 494	手がかり(てがかり) ★	단서, 실마리
☐ 495	適切だ(てきせつだ) ★	적절하다
☐ 496	適度(てきど)	적당함, 알맞음
☐ 497	手際(てぎわ) ★	손재주, 솜씨
☐ 498	手頃(てごろ)	적당함
☐ 499	出鱈目(でたらめ)	엉터리, 아무렇게나 함
☐ 500	徹底的に(てっていてきに)	철저하게

DAY 10

3분 퀴즈 챌린지

학습일 : 월 일

맞은 개수 개/8개

퀴즈1 적중 단어와 의미를 바르게 연결해 보세요.

① 躊う(ためら) ·	· A 노력하다, 힘쓰다
② 努める(つと) ·	· B 주저하다, 망설이다
③ 貫く(つらぬ) ·	· C 관통하다, 관철하다

퀴즈2 다음 적중 단어를 올바르게 읽은 것을 고르세요.

① 手際 손재주, 솜씨	A てぎわ	B てさい
② 訂正 정정	A ちょうせい	B ていせい
③ 頂上 정상	A ちょうじょう	B しょうじょう

JLPT 챌린지 ＿＿의 읽는 법으로 가장 알맞은 것을 1·2·3·4에서 하나 고르세요.

① 転んで病院に行って<u>治療</u>を受けた。 넘어져서 병원에 가서 치료를 받았다.

1 ちりょう　2 じりょう　3 じりょ　4 ちりょ

② 参加者には<u>抽選</u>でプレゼントが当たります。

참가자에게는 추첨을 통해 선물이 당첨됩니다.

1 ちゅうせん　2 つうせん　3 つうぜん　4 ちゅうぜん

3분 퀴즈 챌린지 정답 체크

퀴즈1 ①B②A③C　**퀴즈2** ①A②B③A　**JLPT 챌린지** ①1②1

오늘의 적중 단어 리스트

학습일 : 월 일

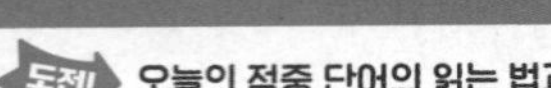

도전! 오늘의 적중 단어의 읽는 법과 의미를 외워봅시다!

☑ 외운 단어를 셀프 체크해 보세요.

	번호	적중 단어	의미
☐	501	手間(てま)	품, 수고
☐	502	電車賃(でんしゃちん) ★	전철 요금
☐	503	伝統(でんとう) ★	전통
☐	504	添付(てんぷ)	첨부
☐	505	統一(とういつ) ★	통일
☐	506	討議(とうぎ) ★	토의
☐	507	逃避(とうひ) ★	도피
☐	508	逃亡(とうぼう)	도망
☐	509	同僚(どうりょう)	동료
☐	510	登録(とうろく) ★	등록

음원을 들으며 따라 읽어 보세요.

		적중 단어	의미
□	511	討論(とうろん)	토론
□	512	特技(とくぎ)	특기
□	513	特殊(とくしゅ) ★	특수
□	514	特色(とくしょく) ★	특색
□	515	特徴(とくちょう) ★	특징
□	516	独特(どくとく) ★	독특
□	517	遂(と)げる	이루다, 성취하다
□	518	途端(とたん)に ★	찰나에
□	519	突破(とっぱ)	돌파
□	520	整(ととの)える ★	정돈하다, 조절하다

た

☑ 외운 단어를 셀프 체크해 보세요.

	적중 단어	의미
☐ 521	飛(と)び散(ち)る	튀다, 흩날리다
☐ 522	徒歩(とほ)	도보
☐ 523	乏(とぼ)しい ★	모자라다, 부족하다
☐ 524	伴(ともな)う ★	동반하다
☐ 525	取(と)り扱(あつか)う ★	취급하다
☐ 526	取(と)り掛(か)かる	착수하다, 시작하다
☐ 527	取(と)り成(な)す	수습하다, 중재하다
☐ 528	鈍感(どんかん)だ	둔감하다
☐ 529	長引(ながび)く	오래 끌다, 지연되다
☐ 530	眺(なが)める	바라보다, 응시하다

  3회

음원을 들으며 따라 읽어 보세요.

		적중 단어	의미
☐	531	和(なご)やかだ	온화하다, 부드럽다
☐	532	なだらかだ ★	완만하다
☐	533	懐(なつ)かしい	그립다
☐	534	生意気(なまいき) ★	건방짐, 주제넘음
☐	535	滑(なめ)らかだ	미끄럽다, 매끈하다
☐	536	難航(なんこう)	난항
☐	537	軟弱(なんじゃく)だ ★	연약하다
☐	538	何度(なんど)も ★	몇 번이나
☐	539	ニーズ ★	니즈, 요구
☐	540	握(にぎ)る ★	쥐다, 잡다

な

☑ 외운 단어를 셀프 체크해 보세요.

적중 단어	의미
□ 541 憎い(にくい) ★	밉다
□ 542 憎む(にくむ)	미워하다, 증오하다
□ 543 濁る(にごる) ★	탁하게 되다, 흐려지다
□ 544 にっこり ★	생긋, 웃는 모양
□ 545 担う(になう)	떠맡다, 짊어지다
□ 546 鈍い(にぶい) ★	둔하다
□ 547 睨む(にらむ)	노려보다
□ 548 狙う(ねらう) ★	노리다, 겨냥하다
□ 549 濃厚だ(のうこうだ)	농후하다
□ 550 昇る(のぼる) ★	올라가다

DAY 11 3분 퀴즈 챌린지

학습일 :　　월　　일

맞은 개수　　개/8개

퀴즈1 적중 단어와 의미를 바르게 연결해 보세요.

① 整(ととの)える・	・A 노려보다
② 睨(にら)む・	・B 노리다, 겨냥하다
③ 狙(ねら)う・	・C 정돈하다, 조절하다

퀴즈2 다음 적중 단어를 올바르게 읽은 것을 고르세요.

① 逃避 도피	A とうひ	B とひ
② 徒歩 도보	A とほ	B どぼ
③ 統一 통일	A とういち	B とういつ

JLPT 챌린지 ＿＿＿의 읽는 법으로 가장 알맞은 것을 1·2·3·4에서 하나 고르세요.

① これは危険を<u>伴う</u>仕事だ。 이것은 위험을 동반하는 일이다.

1 はらう　　2 あつかう　　3 すくう　　4 ともなう

② 手をしっかり<u>握って</u>ください。 손을 꽉 잡으세요.

1 ほって　　2 こすって　　3 にぎって　　4 ふって

3분 퀴즈 챌린지 정답 체크

퀴즈1 ①C ②A ③B　　**퀴즈2** ①A ②A ③B　　**JLPT 챌린지** ①4 ②3

오늘의 적중 단어 리스트

학습일 : 월 일

오늘의 적중 단어의 읽는 법과 의미를 외워봅시다!

☑ 외운 단어를 셀프 체크해 보세요.

	적중 단어	의미
☐ 551	のんびり ★	한가로이, 느긋한 모양
☐ 552	把握（はあく） ★	파악
☐ 553	廃止（はいし） ★	폐지
☐ 554	排除（はいじょ）	배제
☐ 555	配布（はいふ）	배포
☐ 556	俳優（はいゆう） ★	배우
☐ 557	破壊（はかい）	파괴
☐ 558	図る（はか） ★	도모하다, 꾀하다
☐ 559	はきはき	시원시원, 활발하고 똑똑한 모양
☐ 560	激しい（はげ） ★	격하다

음원을 들으며 따라 읽어 보세요.

	적중 단어	의미
☐ 561	端(はし)	끝, 가장자리
☐ 562	恥(はじ) ★	부끄러움
☐ 563	外れる(はずれる) ★	빠지다, 벗겨지다
☐ 564	発揮(はっき) ★	발휘
☐ 565	はっきり ★	확실히, 분명히
☐ 566	発掘(はっくつ) ★	발굴
☐ 567	発散(はっさん) ★	발산
☐ 568	発達(はったつ) ★	발달
☐ 569	発明(はつめい)	발명
☐ 570	離れる(はなれる)	떨어지다

は

☑ 외운 단어를 셀프 체크해 보세요.

	적중 단어	의미
☐ 571	幅(はば) ★	폭, 너비
☐ 572	省(はぶ)く ★	생략하다, 줄이다
☐ 573	破片(はへん)	파편
☐ 574	はらはら	조마조마, 조바심 내는 모양
☐ 575	バランス ★	밸런스
☐ 576	晴(は)れやか	쾌청
☐ 577	範囲(はんい) ★	범위
☐ 578	反映(はんえい) ★	반영
☐ 579	繁栄(はんえい)	번영
☐ 580	パンク	(타이어) 펑크, 구멍

음원을 들으며 따라 읽어 보세요.

적중 단어	의미
☐ 581 反省(はんせい) ★	반성
☐ 582 反応(はんのう)	반응
☐ 583 控(ひか)える ★	대기하다, 삼가다
☐ 584 比較的(ひかくてき) ★	비교적
☐ 585 惹(ひ)かれる	(마음이) 끌리다
☐ 586 引(ひ)き止(と)める	붙잡다, 말리다, 만류하다
☐ 587 卑怯(ひきょう)だ	비겁하다
☐ 588 秘訣(ひけつ)	비결
☐ 589 ひそひそ ★	소곤소곤, 속삭이는 모양
☐ 590 ひたすら ★	오직, 한결같이

は

☑ 외운 단어를 셀프 체크해 보세요.

	적중 단어	의미
☐ 591	びっしょり ★	흠뻑, 완전히 젖은 모양
☐ 592	等(ひと)しい ★	같다, 동등하다
☐ 593	一通(ひととお)り	대강, 얼추
☐ 594	独(ひと)りでに	저절로, 자연히
☐ 595	避難(ひなん)	피난
☐ 596	批判(ひはん) ★	비판
☐ 597	批評(ひひょう) ★	비평
☐ 598	皮膚(ひふ)	피부
☐ 599	表現(ひょうげん) ★	표현
☐ 600	病態(びょうたい)	병의 상태

DAY 12

3분 퀴즈 챌린지

학습일 : 월 일

맞은 개수 개/8개

퀴즈1 적중 단어와 의미를 바르게 연결해 보세요.

① 発掘(はっくつ) ・ ・ A 발휘

② 廃止(はいし) ・ ・ B 폐지

③ 発揮(はっき) ・ ・ C 발굴

퀴즈2 다음 적중 단어를 올바르게 읽은 것을 고르세요.

① 等しい 같다, 동등하다 A ひとしい B どうしい

② 控える 대기하다, 삼가다 A ひえる B ひかえる

③ 省く 생략하다 A はふく B はぶく

JLPT 챌린지 ＿＿의 읽는 법으로 가장 알맞은 것을 1·2·3·4에서 하나 고르세요.

① 今朝の新聞に新しい映画の<u>批評</u>が掲載された。

오늘 아침 신문에 새 영화 비평이 게재되었다.

1 びびょう 2 ひべい 3 ひひょう 4 ひへい

② 部長の強引なやり方を<u>批判</u>する人もいる。

부장님의 강제적인 방식을 비판하는 사람도 있다.

1 びはん 2 びばん 3 ひはん 4 ひばん

3분 퀴즈 챌린지 정답 체크

퀴즈1 ①C ②B ③A 퀴즈2 ①A ②B ③B JLPT 챌린지 ①3 ②3

오늘의 적중 단어 리스트

DAY 13 MP3

학습일 : 월 일

오늘의 적중 단어의 읽는 법과 의미를 외워봅시다!

☑ 외운 단어를 셀프 체크해 보세요.

적중 단어	의미
□ 601 評判(ひょうばん) ★	평판, 소문
□ 602 敏感(びんかん)	민감
□ 603 貧乏(びんぼう)	빈궁함, 가난함
□ 604 不安(ふあん)だ	불안하다
□ 605 不規則(ふきそく)だ ★	불규칙하다
□ 606 普及(ふきゅう) ★	보급
□ 607 付近(ふきん)	부근, 근처
□ 608 複雑(ふくざつ)だ ★	복잡하다
□ 609 福祉(ふくし) ★	복지
□ 610 含(ふく)む	포함하다, 품다, 함축하다

음원을 들으며 따라 읽어 보세요.

	적중 단어	의미
□ 611	含める（ふくめる） ★	포함시키다
□ 612	服用（ふくよう）	복용
□ 613	不潔だ（ふけつだ）	불결하다, 더럽다
□ 614	相応しい（ふさわしい） ★	어울리다
□ 615	防ぐ（ふせぐ） ★	막다, 방지하다
□ 616	再び（ふたたび）	두 번, 재차, 다시
□ 617	負担（ふたん）	부담
□ 618	ぶつかる ★	부딪히다
□ 619	ぶつける	부딪다, 들이받다
□ 620	物騒だ（ぶっそうだ）	뒤숭숭하다, 위험하다

は

☑ 외운 단어를 셀프 체크해 보세요.

	적중 단어		의미
☐	621	ぶつぶつ	투덜투덜, 낮은 소리로 불평하는 모양
☐	622	増(ふ)やす	늘리다, 불리다
☐	623	ぶらぶら	어슬렁어슬렁, 천천히 거니는 모양
☐	624	振(ふ)り向(む)く ★	뒤돌아보다
☐	625	プレッシャー ★	압력, 압박
☐	626	分解(ぶんかい)	분해
☐	627	文献(ぶんけん)	문헌
☐	628	分析(ぶんせき)	분석
☐	629	分野(ぶんや) ★	분야
☐	630	ふんわり ★	살짝, 둥실, 가볍고 부드러운 모양

음원을 들으며 따라 읽어 보세요.

적중 단어	의미
☐ 631 平気(へいき)だ ★	아무렇지도 않다, 태연하다
☐ 632 平行(へいこう)	평행
☐ 633 平然(へいぜん)	태연
☐ 634 平坦(へいたん)	평탄
☐ 635 隔(へだ)てる ★	사이를 떼다
☐ 636 ベテラン	베테랑
☐ 637 変換(へんかん) ★	변환
☐ 638 返却(へんきゃく) ★	반납, 반환
☐ 639 変更(へんこう) ★	변경
☐ 640 返済(へんさい)	변제, 상환

は

☑ 외운 단어를 셀프 체크해 보세요.

적중 단어		의미
□ 641	変だ (へん)	이상하다
□ 642	妨害 (ぼうがい)	방해
□ 643	冒険 (ぼうけん) ★	모험
□ 644	防災 (ぼうさい) ★	방재
□ 645	方針 (ほうしん)	방침
□ 646	膨大だ (ぼうだい)	방대하다
□ 647	防犯 (ぼうはん)	방범
□ 648	豊富 (ほうふ) ★	풍부
□ 649	朗らかだ (ほが)	명랑하다, 쾌활하다
□ 650	誇り (ほこ)	자랑, 긍지, 명예로움

DAY 13

3분 퀴즈 챌린지

학습일 : 월 일

맞은 개수 개/8개

퀴즈1 적중 단어와 의미를 바르게 연결해 보세요.

① 平気(へいき)だ ・ ・ A 아무렇지도 않다, 태연하다

② 相応(ふさわ)しい ・ ・ B 뒤돌아보다

③ 振(ふ)り向(む)く ・ ・ C 어울리다

퀴즈2 다음 적중 단어를 올바르게 읽은 것을 고르세요.

① 評判 평판, 소문 A ひひょう B ひょうばん

② 豊富 풍부 A ほうふ B ふうほ

③ 貧乏 빈궁함, 가난함 A ひんぼう B びんぼう

JLPT 챌린지 _____의 읽는 법으로 가장 알맞은 것을 1·2·3·4에서 하나 고르세요.

① 午後から防災訓練を行います。 오후부터 방재 훈련을 실시합니다.

1 ぼうさい 2 ぼうえん 3 ほうえん 4 ほうさい

② 国民福祉の向上を図っている。 국민 복지의 향상에 도모하고 있다.

1 ふくじ 2 ふくし 3 ほくじ 4 ぼくじ

3분 퀴즈 챌린지 정답 체크

퀴즈1 ①A ②C ③B **퀴즈2** ①B ②A ③B **JLPT 챌린지** ①1 ②2

오늘의 적중 단어 리스트

DAY 14 MP3

학습일 : 월 일

오늘의 적중 단어의 읽는 법과 의미를 외워봅시다!

☑ 외운 단어를 셀프 체크해 보세요.

	적중 단어		의미
☐	651	補修(ほしゅう)	보수, 수리
☐	652	補助(ほじょ)	보조
☐	653	保証(ほしょう) ★	보증
☐	654	舗装(ほそう) ★	(도로) 포장
☐	655	補足(ほそく) ★	보충
☐	656	発端(ほったん) ★	발단
☐	657	ほっと ★	후유, 안심하는 모양
☐	658	ぼつぼつ	슬슬, 느리게 일을 진행하는 모양
☐	659	ぼやく	투덜거리다, 불평하다
☐	660	保留(ほりゅう)	보류

음원을 들으며 따라 읽어 보세요.

	적중 단어	의미
☐ 661	ぼんやり ★	멍하니, 뚜렷하지 않고 흐린 모양
☐ 662	マイペース	마이 페이스
☐ 663	紛(まぎ)らわしい ★	혼동하기 쉽다, 헷갈리기 쉽다
☐ 664	間際(まぎわ) ★	직전, 찰나
☐ 665	混(ま)じる ★	섞이다
☐ 666	貧(まず)しい ★	가난하다
☐ 667	ますます	점점, 더욱더
☐ 668	窓際(まどぎわ)	창가
☐ 669	幻(まぼろし)	환상, 환영
☐ 670	見失(みうしな)う	보던 것을 놓치다

ま

☑ 외운 단어를 셀프 체크해 보세요.

		적중 단어	의미
☐	671	見落(みお)とす ★	간과하다, 못 보고 넘어가다
☐	672	惨(みじ)めだ ★	비참하다, 참혹하다
☐	673	自(みずか)ら ★	스스로
☐	674	乱(みだ)れる ★	흐트러지다, 혼란해지다
☐	675	導(みちび)く ★	이끌다
☐	676	満(み)ちる	가득 차다, 충족되다
☐	677	みっともない	보기 싫다, 꼴불견이다
☐	678	密閉(みっぺい)	밀폐
☐	679	認(みと)める ★	인정하다, 좋게 평가하다
☐	680	見直(みなお)す ★	재검토하다, 재평가하다

음원을 들으며 따라 읽어 보세요.

	적중 단어	의미
☐ 681	見逃す(みのがす) ★	못 보고 놓치다, 빠뜨리고 보다
☐ 682	見栄えがする(みばえがする)	돋보이다
☐ 683	魅力(みりょく)	매력
☐ 684	無計画(むけいかく)	무계획
☐ 685	矛盾(むじゅん) ★	모순
☐ 686	寧ろ(むしろ) ★	차라리, 오히려
☐ 687	無責任(むせきにん) ★	무책임
☐ 688	空しい(むなしい) ★	허무하다, 헛되다
☐ 689	無闇に(むやみに) ★	함부로, 터무니없이
☐ 690	目新しい(めあたらしい)	새롭다, 신기하다

ま

☑ 외운 단어를 셀프 체크해 보세요.

적중 단어	의미
□ 691 明示(めいじ) ★	명시
□ 692 恵(めぐ)まれる ★	풍족하다, 혜택받다, 복 받다
□ 693 巡(めぐ)る	순환하다, 돌아다니다
□ 694 めくる ★	넘기다
□ 695 目指(めざ)す	목표로 하다, 노리다
□ 696 目印(めじるし)	표시, 안표
□ 697 めっきり	부쩍, 두드러지게 변화하는 모양
□ 698 面(めん)する ★	직면하다
□ 699 面倒(めんどう)だ ★	귀찮다, 성가시다
□ 700 儲(もう)ける	돈 벌다

DAY 14 3분 퀴즈 챌린지

학습일 : 월 일

맞은 개수 개/8개

퀴즈1 적중 단어와 의미를 바르게 연결해 보세요.

① 導く(みちびく) ・ ・ A 못 보고 놓치다, 빠뜨리고 보다

② 見逃す(みのがす) ・ ・ B 이끌다

③ 空しい(むなしい) ・ ・ C 허무하다, 헛되다

퀴즈2 다음 적중 단어를 올바르게 읽은 것을 고르세요.

① 補足 보충 A ほそく B ほぞく

② 矛盾 모순 A むじゅん B よじゅん

③ 目印 표시, 안표 A めしるし B めじるし

JLPT 챌린지 ＿＿＿을 한자로 쓸 때 가장 알맞은 것을 1·2·3·4에서 하나 고르세요.

① これはずいぶん<u>めんどう</u>な仕事ですね。 이것은 상당히 귀찮은 일이군요.

1 免倒 2 面倒 3 免到 4 面到

② この製品は安全性が<u>ほしょう</u>されている。

이 제품은 안정성이 보증되어 있다.

1 補証 2 補正 3 保証 4 保正

3분 퀴즈 챌린지 정답 체크

퀴즈1 ①B ②A ③C **퀴즈2** ①A ②A ③B **JLPT 챌린지** ①2 ②3

오늘의 적중 단어 리스트

학습일 : 월 일

DAY 15 MP3

오늘의 적중 단어의 읽는 법과 의미를 외워봅시다!

☑ 외운 단어를 셀프 체크해 보세요.

	적중 단어	의미
□ 701	設(もう)ける ★	마련하다, 설치하다
□ 702	目途(もくと) ★	목적, 목표
□ 703	求(もと)める	구하다, 바라다, 요구하다
□ 704	物足(ものた)りない	어딘가 부족하다
□ 705	模範(もはん)	모범
□ 706	催(もよお)す	개최하다
□ 707	漏(も)れる ★	새다, 빠지다
□ 708	文句(もんく) ★	문구, 불평
□ 709	やがて	이윽고, 머지않아
□ 710	喧(やかま)しい	시끄럽다, 성가시다

1회 2회 3회

음원을 들으며 따라 읽어 보세요.

적중 단어		의미
☐ 711	役目(やくめ) ★	책임, 역할
☐ 712	養う(やしなう) ★	기르다
☐ 713	雇う(やとう) ★	고용하다
☐ 714	敗れる(やぶれる) ★	지다
☐ 715	唯一(ゆいいつ) ★	유일
☐ 716	有益(ゆうえき) ★	유익
☐ 717	有効(ゆうこう) ★	유효
☐ 718	優秀(ゆうしゅう)	우수
☐ 719	誘導(ゆうどう)	유도
☐ 720	ユーモア	유머

や

☑ 외운 단어를 셀프 체크해 보세요.

		적중 단어	의미
☐	721	有利(ゆうり) ★	유리
☐	722	所以(ゆえん) ★	이유, 까닭
☐	723	愉快(ゆかい)	유쾌
☐	724	行方(ゆくえ) ★	행방
☐	725	湯気(ゆげ)	김, 수증기
☐	726	譲(ゆず)る ★	양도하다, 물려주다, 양보하다
☐	727	豊(ゆた)かだ ★	풍부하다
☐	728	油断(ゆだん) ★	방심
☐	729	緩(ゆる)やかだ	완만하다, 느슨하다
☐	730	要求(ようきゅう) ★	요구

음원을 들으며 따라 읽어 보세요.

적중 단어	의미
☐ 731 容姿(ようし) ★	용모, 외모
☐ 732 要所(ようしょ)	요소, 요점
☐ 733 幼稚(ようち) ★	유치
☐ 734 余計(よけい) ★	여분, 쓸데없음
☐ 735 予測(よそく) ★	예측
☐ 736 呼(よ)び止(と)める ★	불러 세우다
☐ 737 余裕(よゆう)	여유
☐ 738 利益(りえき) ★	이익
☐ 739 理屈(りくつ)	도리, 이치, 구실, 핑계
☐ 740 履修(りしゅう)	이수

ら

☑ 외운 단어를 셀프 체크해 보세요.

		적중 단어	의미
□	741	略す(りゃくす) ★	생략하다
□	742	領収書(りょうしゅうしょ) ★	영수증
□	743	リラックス	릴랙스
□	744	礼儀(れいぎ) ★	예의
□	745	劣化(れっか)	열화, 성능이 나빠짐
□	746	論争(ろんそう) ★	논쟁
□	747	わがまま ★	제멋대로 함, 버릇없음
□	748	わずか ★	조금, 약간
□	749	詫びる(わびる)	사과하다
□	750	割り込む(わりこむ) ★	새치기하다

DAY 15

3분 퀴즈 챌린지

학습일 : 월 일

맞은 개수 개/8개

퀴즈1 적중 단어와 의미를 바르게 연결해 보세요.

① 敗(やぶ)れる ・ ・ A 지다

② 設(もう)ける ・ ・ B 생략하다

③ 略(りゃく)す ・ ・ C 마련하다, 설치하다

퀴즈2 다음 적중 단어를 올바르게 읽은 것을 고르세요.

① 漏れる 새다, 빠지다 A ぬれる B もれる

② 唯一 유일 A ゆいいつ B ゆういち

③ 利益 이익 A りえき B りいき

JLPT 챌린지 ＿＿의 읽는 법으로 가장 알맞은 것을 1·2·3·4에서 하나 고르세요.

① 原田さんはとても<u>愉快</u>な人だ。 하라다 씨는 매우 유쾌한 사람이다.

1 ゆうかい 2 よかい 3 ゆかい 4 ようかい

② 買い物のあと、<u>領収書</u>を忘れないこと。 쇼핑 후 영수증을 잊지 말 것.

1 りょうしゅうしょ 2 りょしゅしょう

3 りょしゅうしょ 4 りょうしゅしょう

3분 퀴즈 챌린지 정답 체크

퀴즈1 ①A②C③B 퀴즈2 ①B②A③A JLPT 챌린지 ①3②1

N2

제2장

한국어+일본어 VOCA

오늘의 적중 단어 리스트

학습일 :　　월　　일

DAY 01 MP3

오늘의 적중 단어의 의미와 읽는 법을 외워봅시다!

☑ 외운 단어를 셀프 체크해 보세요.

	의미	적중 단어
☐ 001	가난하다 ★	貧しい (まず)
☐ 002	가득 차다, 막히다	詰まる (つ)
☐ 003	가득 차다, 충족되다	満ちる (み)
☐ 004	가득, 잔뜩 ★	ぎっしり
☐ 005	가렵다	痒い (かゆ)
☐ 006	가뿐히, 간단히	軽々と (かるがる)
☐ 007	가장 중요함 ★	肝心 (かんじん)
☐ 008	가지런히 정돈하다, 갖추다 ★	揃える (そろ)
☐ 009	각료	閣僚 (かくりょう)
☐ 010	각오	覚悟 (かくご)

 2회 

음원을 들으며 따라 읽어 보세요.

ㄱ

	의미	적중 단어
☐ 011	각하, 기각	却下（きゃっか）
☐ 012	간결 ★	簡潔（かんけつ）
☐ 013	간과하다, 못 보고 넘어가다 ★	見落とす（みおとす）
☐ 014	간략	簡略（かんりゃく）
☐ 015	간수하다, 간직하다 ★	仕舞う（しまう）
☐ 016	강렬하다	強烈だ（きょうれつだ）
☐ 017	강사	講師（こうし）
☐ 018	강약	強弱（きょうじゃく）
☐ 019	강제로, 억지로 ★	強引に（ごういんに）
☐ 020	같다, 동등하다 ★	等しい（ひとしい）

☑ 외운 단어를 셀프 체크해 보세요.

의미	적중 단어
☐ 021 개막	開幕(かいまく)
☐ 022 개방	開放(かいほう)
☐ 023 개봉 ★	開封(かいふう)
☐ 024 개선 ★	改善(かいぜん)
☐ 025 개설	開設(かいせつ)
☐ 026 개정 ★	改正(かいせい)
☐ 027 개정 ★	改訂(かいてい)
☐ 028 개조 ★	改造(かいぞう)
☐ 029 개최	開催(かいさい)
☐ 030 개최하다	催(もよお)す

음원을 들으며 따라 읽어 보세요.

ㄱ

	의미	적중 단어
☐ 031	개호, 간호	介護（かいご）
☐ 032	갱신	更新（こうしん）
☐ 033	거두다, 정리해서 담다 ★	収める（おさ）
☐ 034	거리 ★	距離（きょり）
☐ 035	거부 ★	拒否（きょひ）
☐ 036	거부하다 ★	拒む（こば）
☐ 037	거스르다 ★	逆らう（さか）
☐ 038	거슬러 올라가다 ★	遡る（さかのぼ）
☐ 039	거칠어지다, 황폐해지다	荒れる（あ）
☐ 040	건방짐, 주제넘음 ★	生意気（なまいき）

☑ 외운 단어를 셀프 체크해 보세요.

의미		적중 단어
☐ 041	걸작	傑作(けっさく)
☐ 042	검색	検索(けんさく)
☐ 043	검토	検討(けんとう)
☐ 044	게시 ★	掲示(けいじ)
☐ 045	게재	掲載(けいさい)
☐ 046	겨우, 간신히	辛(かろ)うじて
☐ 047	격리 ★	隔離(かくり)
☐ 048	격하다 ★	激(はげ)しい
☐ 049	결백	潔白(けっぱく)
☐ 050	결백하다, 떳떳하다	潔(いさぎよ)い

DAY 01
3분 퀴즈 챌린지

학습일 :　　월　　일

맞은 개수　　개/8개

퀴즈1　의미와 적중 단어를 바르게 연결해 보세요.

① 가난하다 ・　　　・ A 潔い(いさぎよ)

② 간수하다 ・　　　・ B 貧しい(まず)

③ 결백하다 ・　　　・ C 仕舞う(し ま)

퀴즈2　다음 적중 단어의 한자 표기로 올바른 것을 고르세요.

① 강사 こうし　　A 講師　　B 購師

② 개방 かいほう　　A 開放　　B 開封

③ 갱신 こうしん　　A 便新　　B 更新

JLPT 챌린지　＿＿의 읽는 법으로 가장 알맞은 것을 1·2·3·4에서 하나 고르세요.

① 来年、ワールドカップが<u>開催</u>される。 내년에 월드컵이 개최된다.

1 かいさい　　2 かいざい　　3 がいさい　　4 がいざい

② 手術のあと、<u>激しい</u>運動はしないでください。

수술 후 격한 운동은 하지 말아주세요.

1 はげしい　　2 けわしい

3 やさしい　　4 いちじるしい

3분 퀴즈 챌린지 정답 체크

퀴즈1 ①B②C③A　　퀴즈2 ①A②A③B　　JLPT 챌린지 ①1②1

오늘의 적중 단어 리스트

DAY 02 MP3

오늘의 적중 단어의 의미와 읽는 법을 외워봅시다!

☑ 외운 단어를 셀프 체크해 보세요.

		의미	적중 단어
☐	051	결함 ★	欠陥(けっかん)
☐	052	겸손	謙遜(けんそん)
☐	053	경비	警備(けいび)
☐	054	경사, 기울 ★	傾斜(けいしゃ)
☐	055	경이	驚異(きょうい)
☐	056	경작하다 ★	耕す(たがやす)
☐	057	경쟁 ★	競争(きょうそう)
☐	058	경쾌	軽快(けいかい)
☐	059	경향 ★	傾向(けいこう)
☐	060	계기	契機(けいき)

음원을 들으며 따라 읽어 보세요.

ㄱ

		의미	적중 단어
☐	061	계산 ★	勘定(かんじょう)
☐	062	계속	継続(けいぞく)
☐	063	고려	考慮(こうりょ)
☐	064	고립 ★	孤立(こりつ)
☐	065	고용하다 ★	雇(やと)う
☐	066	고층	高層(こうそう)
☐	067	곧, 즉각, 바로, 직접 ★	直(ただ)ちに
☐	068	곰곰이, 지그시, 정말 ★	つくづくと
☐	069	공격	攻撃(こうげき)
☐	070	공격하다 ★	攻(せ)める

☑ 외운 단어를 셀프 체크해 보세요.

	의미	적중 단어
☐ 071	공경하다, 존경하다 ★	敬う(うやま)
☐ 072	공급 ★	供給(きょうきゅう)
☐ 073	공적	功績(こうせき)
☐ 074	공포 ★	恐怖(きょうふ)
☐ 075	공헌 ★	貢献(こうけん)
☐ 076	과잉 ★	過剰(かじょう)
☐ 077	과장, 허풍	大げさ(おお)
☐ 078	관찰	観察(かんさつ)
☐ 079	관통하다, 관철하다 ★	貫く(つらぬ)
☐ 080	교대 ★	交代(こうたい)

음원을 들으며 따라 읽어 보세요.

	의미	적중 단어
☐ 081	교섭	交渉(こうしょう)
☐ 082	교환 ★	交換(こうかん)
☐ 083	교활하다, 능글맞다 ★	狡い(ずるい)
☐ 084	구분	区分(くぶん)
☐ 085	구실, 변명	口実(こうじつ)
☐ 086	구원	救援(きゅうえん)
☐ 087	구조 ★	構造(こうぞう)
☐ 088	구하다, 바라다, 요구하다	求める(もとめる)
☐ 089	구하다, 살리다 ★	救う(すくう)
☐ 090	궁극	究極(きゅうきょく)

☑ 외운 단어를 셀프 체크해 보세요.

의미	적중 단어
☐ 091 권고	勧告(かんこく)
☐ 092 권유 ★	勧誘(かんゆう)
☐ 093 궤도	軌道(きどう)
☐ 094 귀성	帰省(きせい)
☐ 095 귀찮다, 성가시다 ★	面倒(めんどう)だ
☐ 096 규격 ★	規格(きかく)
☐ 097 규모 ★	規模(きぼ)
☐ 098 그림자	影(かげ)
☐ 099 그립다	懐(なつ)かしい
☐ 100 극단	極端(きょくたん)

DAY 02 3분 퀴즈 챌린지

학습일 : 월 일

맞은 개수 개/8개

퀴즈1 의미와 적중 단어를 바르게 연결해 보세요.

① 고용하다 · · A 雇(やと)う

② 경작하다 · · B 救(すく)う

③ 구하다 · · C 耕(たがや)す

퀴즈2 다음 적중 단어의 한자 표기로 올바른 것을 고르세요.

① 규격 きかく A 規極 B 規格

② 공급 きょうきゅう A 共給 B 供給

③ 교섭 こうしょう A 交渉 B 交歩

JLPT 챌린지 _____의 읽는 법으로 가장 알맞은 것을 1·2·3·4에서 하나 고르세요.

① 彼は飲み会でいつも<u>大げさ</u>に笑う。 그는 술자리에서 항상 과장되게 웃는다.

1 おおげさ 2 たいげさ 3 だいげさ 4 おおいげさ

② 大阪まで兄に運転を<u>交代</u>してもらった。

오사카까지 형이 운전을 교대해 주었다.

1 こうたい 2 ごうたい 3 ごうだい 4 こうだい

3분 퀴즈 챌린지 정답 체크

퀴즈1 ①A ②C ③B 퀴즈2 ①B ②B ③A JLPT 챌린지 ①1 ②1

오늘의 적중 단어 리스트

학습일 :　　월　　일

DAY 03 MP3

오늘의 적중 단어의 의미와 읽는 법을 외워봅시다!

☑ 외운 단어를 셀프 체크해 보세요.

		의미	적중 단어
☐	101	극적으로 ★	劇的に (げきてき)
☐	102	극히, 매우	極めて (きわ)
☐	103	급거, 허둥지둥, 갑작스레	急遽 (きゅうきょ)
☐	104	급격	急激 (きゅうげき)
☐	105	기르다 ★	養う (やしな)
☐	106	기민	機敏 (きびん)
☐	107	기복	起伏 (きふく)
☐	108	기부	寄付 (きふ)
☐	109	기분, 비위 ★	機嫌 (きげん)
☐	110	기상, 대기	気象 (きしょう)

음원을 들으며 따라 읽어 보세요.

		의미	적중 단어
☐	111	기상, 일어남	起床（きしょう）
☐	112	기술 ★	技術（ぎじゅつ）
☐	113	기억 ★	記憶（きおく）
☐	114	기울다, 치우치다	傾く（かたむく）
☐	115	기울이다, 집중하다	傾ける（かたむける）
☐	116	기후	気候（きこう）
☐	117	긴박	緊迫（きんぱく）
☐	118	긴장 ★	緊張（きんちょう）
☐	119	김, 수증기	湯気（ゆげ）
☐	120	깜빡	うっかり

☑ 외운 단어를 셀프 체크해 보세요.

		의미	적중 단어
☐	121	깨끗이 하다, 맑게 하다	澄(す)ます
☐	122	깨끗하다, 맑다	清(きよ)い
☐	123	꼭 들어맞다 ★	当(あ)てはまる
☐	124	꾸벅꾸벅, 조는 모양	うとうと
☐	125	꾸준히, 노력하는 모양 ★	こつこつ
☐	126	끄덕이다 ★	うなずく
☐	127	끈질기다	しつこい
☐	128	(마음이) 끌리다	惹(ひ)かれる
☐	129	끝, 가장자리	端(はし)
☐	130	난항	難航(なんこう)

1회 2회 3회

음원을 들으며 따라 읽어 보세요.

	의미	적중 단어
☐ 131	납입하다, 거두다, 넣다 ★	納(おさ)める
☐ 132	넘기다 ★	めくる
☐ 133	노려보다	睨(にら)む
☐ 134	노력하다, 힘쓰다 ★	努(つと)める
☐ 135	노리다, 겨냥하다	狙(ねら)う
☐ 136	녹슬다 ★	錆(さ)びる
☐ 137	논쟁 ★	論争(ろんそう)
☐ 138	농후하다	濃厚(のうこう)だ
☐ 139	늘리다, 불리다	増(ふ)やす
☐ 140	늦추다, 늦게 하다	遅(おく)らす

ㄴ

☑ 외운 단어를 셀프 체크해 보세요.

		의미	적중 단어
☐	141	니즈, 요구 ★	ニーズ
☐	142	다가오다, 닥쳐오다	迫(せま)る
☐	143	다만, 단지, 그저	只(ただ)
☐	144	다시, 새삼스럽게 ★	改(あらた)めて
☐	145	다채롭다	多彩(たさい)だ
☐	146	다투다, 경쟁하다 ★	争(あらそ)う
☐	147	다투다, 경쟁하다 ★	競(きそ)う
☐	148	다하다, 끝나다	尽(つ)きる
☐	149	단련하다, 훈련하다 ★	鍛(きた)える
☐	150	단서, 실마리 ★	手(て)がかり

DAY 03

3분 퀴즈 챌린지

학습일 : 월 일

맞은 개수 개/8개

퀴즈1 의미와 적중 단어를 바르게 연결해 보세요.

① 기울이다 · · A 尽(つ)きる

② 넘기다 · · B めくる

③ 다하다 · · C 傾(かたむ)ける

퀴즈2 다음 적중 단어의 한자 표기로 올바른 것을 고르세요.

① 기억 きおく A 紀憶 B 記憶

② 난항 なんこう A 難航 B 難空

③ 기상 きしょう A 気象 B 気像

JLPT 챌린지 ____을 한자로 쓸 때 가장 알맞은 것을 1·2·3·4에서 하나 고르세요.

① 大会の優勝賞金を全部きふしました。

대회의 우승 상금을 전부 기부했습니다.

1 寄符 2 貴付 3 貴符 4 寄付

② A大学は優秀な人材をたくさんやしなった。

A대학은 우수한 인재를 많이 배출했다.

1 養った 2 育った 3 習った 4 納った

3분 퀴즈 챌린지 정답 체크

퀴즈1 ①C②B③A **퀴즈2** ①B②A③A **JLPT 챌린지** ①4②1

오늘의 적중 단어 리스트

오늘의 적중 단어의 의미와 읽는 법을 외워봅시다!

☑ 외운 단어를 셀프 체크해 보세요.

	의미	적중 단어
☐ 151	단순하다 ★	たんじゅん 単純だ
☐ 152	단숨에 ★	いっ き 一気に
☐ 153	당황하다 ★	あわ 慌てる
☐ 154	대강, 얼추	ひととお 一通り
☐ 155	대기하다, 삼가다 ★	ひか 控える
☐ 156	대담하다, 당돌하다	だいたん 大胆だ
☐ 157	대략적임, 조잡함, 대충	おおざっ ぱ 大雑把
☐ 158	대비하다, 갖추다, 구비하다 ★	そな 備える
☐ 159	대우, 처우	たいぐう 待遇
☐ 160	대적하다 ★	かな 敵う

음원을 들으며 따라 읽어 보세요.

	의미	적중 단어
☐ 161	대처	対処(たいしょ)
☐ 162	대충, 대강	ざっと
☐ 163	대충, 대강	大体(だいたい)
☐ 164	대폭, 큰 폭	大幅(おおはば)
☐ 165	덜렁대다, 경솔하다 ★	そそっかしい
☐ 166	데굴데굴, 묵직한 물건이 구르는 모양	ごろごろ
☐ 167	도리, 이치, 구실, 핑계	理屈(りくつ)
☐ 168	도망	逃亡(とうぼう)
☐ 169	도모하다, 꾀하다 ★	図(はか)る
☐ 170	도보	徒歩(とほ)

ㄷ

☑ 외운 단어를 셀프 체크해 보세요.

		의미	적중 단어
☐	171	도전하다 ★	挑(いど)む
☐	172	도피 ★	逃避(とうひ)
☐	173	독특 ★	独特(どくとく)
☐	174	돈 벌다	儲(もう)ける
☐	175	돋보이다	見栄(みば)えがする
☐	176	돌파	突破(とっぱ)
☐	177	동료	同僚(どうりょう)
☐	178	동반하다 ★	伴(ともな)う
☐	179	두 번, 재차, 다시	再(ふたた)び
☐	180	둔감하다	鈍感(どんかん)だ

음원을 들으며 따라 읽어 보세요.

		의미	적중 단어
☐	**181**	둔하다 ★	鈍い (にぶ)
☐	**182**	뒤덮다, 가리다, 숨기다	覆う (おお)
☐	**183**	뒤돌아보다 ★	振り向く (ふ・む)
☐	**184**	뒤떨어지다, (~보다) 못하다 ★	劣る (おと)
☐	**185**	뒤숭숭하다, 위험하다	物騒だ (ぶっそう)
☐	**186**	뒤지다, 찾다 ★	探る (さぐ)
☐	**187**	들쑥날쑥, 톱니바퀴 같은 모양	ぎざぎざ
☐	**188**	듬뿍, 충분한 모양	たっぷり
☐	**189**	등록 ★	登録 (とうろく)
☐	**190**	따분하다, 지루하다 ★	退屈だ (たいくつ)

☑ 외운 단어를 셀프 체크해 보세요.

		의미	적중 단어
☐	191	딱 잘라, 단호히 ★	きっぱり
☐	192	떠돌다, 감돌다 ★	漂(ただよ)う
☐	193	떠맡다, 짊어지다	担(にな)う
☐	194	떨어지다	離(はな)れる
☐	195	또렷이, 선명하게	くっきり
☐	196	또렷하다, 선명하다	鮮(あざ)やかだ
☐	197	릴랙스	リラックス
☐	198	마감하다 ★	締(し)め切(き)る
☐	199	마련하다, 설치하다 ★	設(もう)ける
☐	200	마이 페이스	マイペース

DAY 04

3분 퀴즈 챌린지

학습일 : 월 일

맞은 개수 개/8개

퀴즈1 의미와 적중 단어를 바르게 연결해 보세요.

① 도전하다 ・ ・ A 挑む(いど)

② 찾다 ・ ・ B 探る(さぐ)

③ 떠맡다 ・ ・ C 担う(にな)

퀴즈2 다음 적중 단어의 한자 표기로 올바른 것을 고르세요.

① 둔하다 にぶい A 鋭い B 鈍い

② 대처 たいしょ A 対所 B 対処

③ 돈 벌다 もうける A 儲ける B 諸ける

JLPT 챌린지 ＿＿의 읽는 법으로 가장 알맞은 것을 1·2·3·4에서 하나 고르세요.

① 地震の時に<u>備えて</u>お水を買っておこう。

지진 때를 대비해서 물을 사 두자.

1 そなえて　2 かかえて　3 たくわえて　4 かかえて

② 図書館サイトにメールアドレスを<u>登録</u>した。

도서관 사이트에 메일 주소를 등록했다.

1 どうろく　2 とろく　3 どろく　4 とうろく

3분 퀴즈 챌린지 정답 체크

퀴즈1 ①A ②B ③C　**퀴즈2** ①B ②B ③A　**JLPT 챌린지** ①1 ②4

오늘의 적중 단어 리스트

DAY 05 MP3

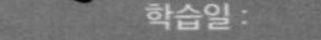

도전! 오늘의 적중 단어의 의미와 읽는 법을 외워봅시다!

☑ 외운 단어를 셀프 체크해 보세요.

		의미	적중 단어
☐	201	막다, 방지하다 ★	防(ふせ)ぐ
☐	202	맞히다, 당첨하다	当(あ)てる
☐	203	(임무를) 맡다 ★	務(つと)める
☐	204	맡다, 보관하다 ★	預(あず)かる
☐	205	매력	魅力(みりょく)
☐	206	머지않아, 가까이	近々(ちかぢか)
☐	207	멋짐, 멋을 냄, 멋쟁이	おしゃれ
☐	208	멍하니, 뚜렷하지 않고 흐린 모양 ★	ぼんやり
☐	209	메우다, 채우다	埋(う)める
☐	210	명랑하다, 쾌활하다	朗(ほが)らかだ

음원을 들으며 따라 읽어 보세요.

	의미	적중 단어
☐ 211	명시 ★	明示(めいじ)
☐ 212	몇 번이나 ★	何度(なんど)も
☐ 213	모두 털어놓다	打(う)ち明(あ)ける
☐ 214	모범	模範(もはん)
☐ 215	모순 ★	矛盾(むじゅん)
☐ 216	모자라다, 부족하다 ★	乏(とぼ)しい
☐ 217	모처럼 ★	せっかく
☐ 218	모험 ★	冒険(ぼうけん)
☐ 219	목적, 목표 ★	目途(もくと)
☐ 220	목표로 하다, 노리다 ★	目指(めざ)す

☑ 외운 단어를 셀프 체크해 보세요.

	의미	적중 단어
☐ 221	못 보고 놓치다, 빠뜨리고 보다 ★	見(み)逃(のが)す
☐ 222	무계획	無(む)計画(けいかく)
☐ 223	무너뜨리다	崩(くず)す
☐ 224	무너지다, 붕괴되다	崩(くず)れる
☐ 225	무책임 ★	無(む)責任(せきにん)
☐ 226	무책임하다, 대충하다, 적당히 하다	いい加(か)減(げん)だ
☐ 227	묶다, 통솔하다 ★	束(たば)ねる
☐ 228	문구, 불평 ★	文(もん)句(く)
☐ 229	문헌	文献(ぶんけん)
☐ 230	미끄럽다, 매끈하다	滑(なめ)らかだ

음원을 들으며 따라 읽어 보세요.

		의미	적중 단어
☐	231	미리, 사전에 ★	予め(あらかじ)
☐	232	미워하다, 증오하다	憎む(にく)
☐	233	(영향, 피해) 미치다	及ぼす(およ)
☐	234	민감	敏感(びんかん)
☐	235	밀폐	密閉(みっぺい)
☐	236	밉다 ★	憎い(にく)
☐	237	바라보다, 응시하다	眺める(なが)
☐	238	바로, 즉시 ★	すぐに
☐	239	바슬바슬, 습기가 없이 끈적거리지 않는 모양	さらさら
☐	240	반납, 반환 ★	返却(へんきゃく)

ㅂ

☑ 외운 단어를 셀프 체크해 보세요.

	의미	적중 단어
□ 241	반성 ★	反省(はんせい)
□ 242	반영 ★	反映(はんえい)
□ 243	반응	反応(はんのう)
□ 244	받아들이다, 수용하다	受(う)け入(い)れる
□ 245	발굴 ★	発掘(はっくつ)
□ 246	발단 ★	発端(ほったん)
□ 247	발달 ★	発達(はったつ)
□ 248	발명	発明(はつめい)
□ 249	발산 ★	発散(はっさん)
□ 250	발이 걸려 넘어지다, 실패하다	つまずく

DAY 05

3분 퀴즈 챌린지

학습일 : 월 일

맞은 개수 개/8개

퀴즈1 의미와 적중 단어를 바르게 연결해 보세요.

① 막다 · · A 目指す(めざ)

② 목표로 하다 · · B 防ぐ(ふせ)

③ 미워하다 · · C 憎む(にく)

퀴즈2 다음 적중 단어의 한자 표기로 올바른 것을 고르세요.

① 메우다 うめる A 埋める B 理める

② 미리 あらかじめ A 予め B 矛め

③ 매력 みりょく A 魅刀 B 魅力

JLPT 챌린지 ＿＿＿의 읽는 법으로 가장 알맞은 것을 1·2·3·4에서 하나 고르세요.

① 水が漏れないようにきちんと<u>密閉</u>してください。

물이 새지 않도록 잘 밀폐해 주세요.

1 みっぺい 2 みつへい 3 みっべい 4 みつべい

② 技術が<u>発達</u>して生活が便利になった。 기술이 발달해서 생활이 편리해졌다.

1 ほったつ 2 はつだつ 3 はったつ 4 ほつだつ

3분 퀴즈 챌린지 정답 체크

퀴즈1 ①B②A③C 퀴즈2 ①A②A③B JLPT 챌린지 ①1②3

오늘의 적중 단어 리스트

학습일 : 월 일

DAY 06 MP3

도전! 오늘의 적중 단어의 의미와 읽는 법을 외워봅시다!

☑ 외운 단어를 셀프 체크해 보세요.

	의미	적중 단어
☐ 251	발휘 ★	発揮 (はっき)
☐ 252	밝히다, 털어놓다, 밤새우다	明かす (あ)
☐ 253	방대하다	膨大だ (ぼうだい)
☐ 254	방범	防犯 (ぼうはん)
☐ 255	방심 ★	油断 (ゆだん)
☐ 256	방재 ★	防災 (ぼうさい)
☐ 257	방침	方針 (ほうしん)
☐ 258	방해	妨害 (ぼうがい)
☐ 259	배려	気配り (きくば)
☐ 260	배열, 정리, 변형	アレンジ

음원을 들으며 따라 읽어 보세요.

	의미	적중 단어
☐ 261	배우 ★	俳優(はいゆう)
☐ 262	배제	排除(はいじょ)
☐ 263	배포	配布(はいふ)
☐ 264	밸런스 ★	バランス
☐ 265	버둥버둥, 몸부림치는 모양	じたばた
☐ 266	번영	繁栄(はんえい)
☐ 267	벌다	稼(かせ)ぐ
☐ 268	범위 ★	範囲(はんい)
☐ 269	베테랑	ベテラン
☐ 270	변경 ★	変更(へんこう)

ㅂ

☑ 외운 단어를 셀프 체크해 보세요.

		의미	적중 단어
☐	271	변제, 상환	返済(へんさい)
☐	272	변함없이, 여전히	相変(あいか)わらず
☐	273	변환 ★	変換(へんかん)
☐	274	병의 상태	病態(びょうたい)
☐	275	보급 ★	普及(ふきゅう)
☐	276	보기 싫다, 꼴불견이다	みっともない
☐	277	보던 것을 놓치다	見失(みうしな)う
☐	278	보류	保留(ほりゅう)
☐	279	보수, 수리	補修(ほしゅう)
☐	280	보조	補助(ほじょ)

음원을 들으며 따라 읽어 보세요.

		의미	적중 단어
☐	281	보증 ★	保証(ほしょう)
☐	282	보충 ★	補足(ほそく)
☐	283	보충하다, 변상하다 ★	補(おぎな)う
☐	284	복용	服用(ふくよう)
☐	285	복작복작, 너저분하고 어수선한 모양	ごちゃごちゃ
☐	286	복잡하다 ★	複雑(ふくざつ)だ
☐	287	복지 ★	福祉(ふくし)
☐	288	부과하다	課(か)する
☐	289	부근	近辺(きんぺん)
☐	290	부근, 근처	付近(ふきん)

ㅂ

☑ 외운 단어를 셀프 체크해 보세요.

		의미	적중 단어
☐	291	부끄러움 ★	恥(はじ)
☐	292	부담	負担(ふたん)
☐	293	부드럽다	ソフトだ
☐	294	부딪다, 들이받다	ぶつける
☐	295	부딪히다 ★	ぶつかる
☐	296	부수다, 깨뜨리다 ★	砕(くだ)く
☐	297	부정하다, 없애다 ★	打(う)ち消(け)す
☐	298	부쩍, 두드러지게 변화하는 모양	めっきり
☐	299	분석	分析(ぶんせき)
☐	300	분야 ★	分野(ぶんや)

3분 퀴즈 챌린지

학습일 :　　월　　일

맞은 개수　　개/8개

퀴즈1　의미와 적중 단어를 바르게 연결해 보세요.

① 보충하다 ・　　・ A 課(か)する

② 부과하다 ・　　・ B 明(あ)かす

③ 밝히다 ・　　・ C 補(おぎな)う

퀴즈2　다음 적중 단어의 한자 표기로 올바른 것을 고르세요.

① 방심 ゆだん　　A 油断　　B 油段

② 번영 はんえい　　A 繁英　　B 繁栄

③ 분석 ぶんせき　　A 分析　　B 分折

JLPT 챌린지　(　　)에 들어갈 가장 알맞은 것을 1·2·3·4에서 하나 고르세요.

① このサービスを(　　)するには時間がかかる。

이 서비스를 보급하는 데에는 시간이 걸린다.

1 普及　　2 進行　　3 伝染　　4 充満

② もう少しで壁に(　　)ところだった。 하마터면 벽에 부딪힐 뻔했다.

1 壊れる　　2 ぶつかる　　3 倒す　　4 敗れる

3분 퀴즈 챌린지 정답 체크

퀴즈1 ①C ②A ③B　　**퀴즈2** ①A ②B ③A　　**JLPT 챌린지** ①1 ②2

오늘의 적중 단어 리스트

학습일 :　　월　　일

DAY 07 MP3

오늘의 적중 단어의 의미와 읽는 법을 외워봅시다!

☑ 외운 단어를 셀프 체크해 보세요.

		의미	적중 단어
☐	301	분하다, 속상하다 ★	悔(くや)しい
☐	302	분해	分解(ぶんかい)
☐	303	불결하다, 더럽다	不潔(ふけつ)だ
☐	304	불규칙하다 ★	不規則(ふきそく)だ
☐	305	불러 세우다 ★	呼(よ)び止(と)める
☐	306	불안하다	不安(ふあん)だ
☐	307	불평, 불만	苦情(くじょう)
☐	308	붙잡다, 말리다, 만류하다	引(ひ)き止(と)める
☐	309	비겁하다	卑怯(ひきょう)だ
☐	310	비결	秘訣(ひけつ)

음원을 들으며 따라 읽어 보세요.

	의미	적중 단어
☐ 311	비교적 ★	比較的(ひかくてき)
☐ 312	비참하다, 참혹하다 ★	惨(みじ)めだ
☐ 313	비축하다, 기르다 ★	蓄(たくわ)える
☐ 314	비치다, 반영하다	映(うつ)る
☐ 315	비판 ★	批判(ひはん)
☐ 316	비평 ★	批評(ひひょう)
☐ 317	빈궁함, 가난함	貧乏(びんぼう)
☐ 318	빠뜨리다 ★	欠(か)かす
☐ 319	빠지다, 벗겨지다 ★	外(はず)れる
☐ 320	빤히, 뚫어지게 쳐다보는 모양 ★	じろじろ

ㅂ

☑ 외운 단어를 셀프 체크해 보세요.

	의미	적중 단어
□ 321	빨리빨리 ★	さっさと
□ 322	빼앗다 ★	奪(うば)う
□ 323	뻔뻔스럽다 ★	厚(あつ)かましい
□ 324	뻔뻔스럽다 ★	図々(ずうずう)しい
□ 325	사고	アクシデント
□ 326	사과하다	詫(わ)びる
□ 327	사람과의 관계 ★	間柄(あいだがら)
□ 328	사소하다, 보잘 것 없다 ★	ささやかだ
□ 329	사이를 떼다 ★	隔(へだ)てる
□ 330	사전에 논의하다, 협의하다 ★	打(う)ち合(あ)わせる

 2회 

음원을 들으며 따라 읽어 보세요.

	의미	적중 단어
☐ 331	사치스러움, 호화로움 ★	贅沢(ぜいたく)
☐ 332	사퇴 ★	辞退(じたい)
☐ 333	삭제	削除(さくじょ)
☐ 334	산뜻하게, 깨끗이	あっさり
☐ 335	살다, 지내다	暮(くら)す
☐ 336	살리다, 발휘하다	生(い)かす
☐ 337	살짝, 둥실, 가볍고 부드러운 모양 ★	ふんわり
☐ 338	삼가 듣다, 삼가 받다	承(うけたまわ)る
☐ 339	삼가다, 조심하다	慎(つつし)む
☐ 340	상승	上昇(じょうしょう)

☑ 외운 단어를 셀프 체크해 보세요.

		의미	적중 단어
☐	341	상징 ★	象徴(しょうちょう)
☐	342	상쾌하다	爽快(そうかい)だ
☐	343	상쾌하다, 시원하다	爽(さわ)やかだ
☐	344	상태	状態(じょうたい)
☐	345	상호 ★	相互(そうご)
☐	346	새다, 빠지다 ★	漏(も)れる
☐	347	새롭다, 신기하다	目新(めあたら)しい
☐	348	새치기하다 ★	割(わ)り込(こ)む
☐	349	생긋, 웃는 모양 ★	にっこり
☐	350	생기다 ★	生(しょう)じる

DAY 07 3분 퀴즈 챌린지

학습일 : 월 일

맞은 개수 개/8개

퀴즈1 의미와 적중 단어를 바르게 연결해 보세요.

① 빠지다 ・ ・ A 生(い)かす

② 살리다 ・ ・ B 隔(へだ)てる

③ 사이를 떼다 ・ ・ C 外(はず)れる

퀴즈2 다음 적중 단어의 한자 표기로 올바른 것을 고르세요.

① 사퇴 じたい A 辞退 B 社退

② 비결 ひけつ A 秘訣 B 秘決

③ 삭제 さくじょ A 削徐 B 削除

JLPT 챌린지 ＿＿의 읽는 법으로 가장 알맞은 것을 1·2·3·4에서 하나 고르세요.

① そんな卑怯なやり方はやめてください。 그런 비겁한 짓은 그만두세요.

1 びきょ 2 ひきょう 3 びきょう 4 ひきょ

② 文化の違いから誤解が生じることもある。

문화의 차이로부터 오해가 생기는 일도 있다.

1 せいじる 2 しょうじる 3 じょうじる 4 なまじる

3분 퀴즈 챌린지 정답 체크

퀴즈1 ①C ②A ③B 퀴즈2 ①A ②A ③B JLPT 챌린지 ①2 ②2

오늘의 적중 단어 리스트

DAY 08 MP3

오늘의 적중 단어의 의미와 읽는 법을 외워봅시다!

☑ 외운 단어를 셀프 체크해 보세요.

		의미	적중 단어
☐	351	생략 ★	しょうりゃく 省略
☐	352	생략하다 ★	りゃく 略す
☐	353	생략하다, 줄이다 ★	はぶ 省く
☐	354	서서히, 점차	じょじょ 徐々に
☐	355	서열, 순서 ★	じょれつ 序列
☐	356	섞이다 ★	ま 混じる
☐	357	선명하다	せんめい 鮮明だ
☐	358	설득 ★	せっとく 説得
☐	359	설비 ★	せつび 設備
☐	360	성질 급함 ★	たんき 短気

음원을 들으며 따라 읽어 보세요.

	의미	적중 단어
□ 361	세간, 세상 ★	世間(せけん)
□ 362	세대 ★	世代(せだい)
□ 363	소곤소곤, 속삭이는 모양 ★	ひそひそ
□ 364	소란스럽게 하다	騒(さわ)がす
□ 365	소박하다	素朴(そぼく)だ
□ 366	소원, 바람	願望(がんぼう)
□ 367	속마음, 기질	気心(きごころ)
□ 368	속출 ★	続出(ぞくしゅつ)
□ 369	속하다	属(ぞく)する
□ 370	손재주, 솜씨 ★	手際(てぎわ)

ㅅ

☑ 외운 단어를 셀프 체크해 보세요.

		의미	적중 단어
☐	371	손질, 단속 ★	手入(てい)れ
☐	372	손해	損害(そんがい)
☐	373	솔직하다	率直(そっちょく)だ
☐	374	송영, 픽업	送迎(そうげい)
☐	375	쇼크, 충격	ショック
☐	376	수상하다 ★	怪(あや)しい
☐	377	수수하다	地味(じみ)だ
☐	378	수습하다, 중재하다	取(と)り成(な)す
☐	379	수신인명 ★ (받는 사람 주소 및 성명)	宛名(あてな)
☐	380	수직 ★	垂直(すいちょく)

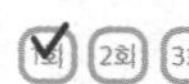

음원을 들으며 따라 읽어 보세요.

	의미	적중 단어
□ 381	수확 ★	収穫（しゅうかく）
□ 382	순조 ★	順調（じゅんちょう）
□ 383	순탄하다, 매끄럽다	スムーズだ
□ 384	순환하다, 돌아다니다	巡（めぐ）る
□ 385	술술, 막힘없이 진행되는 모양	すらすら
□ 386	스며들다	染（し）みる
□ 387	스스로 ★	自（みずか）ら
□ 388	스페이스, 공간	スペース
□ 389	슬슬, 느리게 일을 진행하는 모양	ぼつぼつ
□ 390	승부	勝負（しょうぶ）

ㅅ

☑ 외운 단어를 셀프 체크해 보세요.

	의미	적중 단어
☐ 391	승패	しょうはい 勝敗
☐ 392	시급히	し きゅう 至急
☐ 393	시끄럽다, 성가시다	やかま 喧しい
☐ 394	시원시원, 활발하고 똑똑한 모양	はきはき
☐ 395	식기류 ★	しょっ き るい 食器類
☐ 396	식단, 메뉴 ★	こんだて 献立
☐ 397	신뢰	しんらい 信頼
☐ 398	신중하게 ★	しんちょう 慎重に
☐ 399	신호 ★	あい ず 合図
☐ 400	실망	しつぼう 失望

DAY 08

3분 퀴즈 챌린지

학습일 : 월 일

맞은 개수 개/8개

퀴즈1 의미와 적중 단어를 바르게 연결해 보세요.

① 소박하다 ・ ・ A 怪(あや)しい

② 솔직하다 ・ ・ B 素朴(そぼく)だ

③ 수상하다 ・ ・ C 率直(そっちょく)だ

퀴즈2 다음 적중 단어의 한자 표기로 올바른 것을 고르세요.

① 수수하다 じみだ A 知味だ B 地味だ

② 설득 せっとく A 説得 B 設得

③ 신뢰 しんらい A 信類 B 信頼

JLPT 챌린지 (　　)에 들어갈 가장 알맞은 것을 1·2·3·4에서 하나 고르세요.

① 今年はきっと農作物が(　　)できるだろう。

올해는 분명 농작물을 수확할 수 있을 것이다.

1 成立　　2 収穫　　3 取得　　4 採集

② 新商品は発売以来、(　　)に売れている。

신상품은 판매된 이후 순조롭게 팔리고 있다.

1 慎重　　2 至急　　3 気軽　　4 順調

3분 퀴즈 챌린지 정답 체크

퀴즈1 ①B②C③A　**퀴즈2** ①B②A③B　**JLPT 챌린지** ①2②4

오늘의 적중 단어 리스트

학습일 : 월 일

DAY 09 MP3

오늘의 적중 단어의 의미와 읽는 법을 외워봅시다!

☑ 외운 단어를 셀프 체크해 보세요.

	의미	적중 단어
☐ 401	실수, 잘못	過ち(あやま)
☐ 402	싫다	嫌だ(いや)
☐ 403	심각	深刻(しんこく)
☐ 404	싱숭생숭, 안절부절 불안한 모양	そわそわ
☐ 405	싹, 산뜻한 모양	すっきり
☐ 406	쌓아 올리다, 구축하다 ★	築く(きず)
☐ 407	썩다 ★	腐る(くさ)
☐ 408	아깝다, 애석하다 ★	惜しい(お)
☐ 409	아동 ★	児童(じどう)
☐ 410	아무렇지도 않다, 태연하다 ★	平気だ(へいき)

음원을 들으며 따라 읽어 보세요.

	의미	적중 단어
□ 411	아슬아슬, 빠듯한 모양 ★	ぎりぎり
□ 412	아프다, 상하다, 파손되다	傷む (いた)
□ 413	악영향 ★	悪影響 (あくえいきょう)
□ 414	안다, 껴안다 ★	抱える (かか)
□ 415	안다, 보듬다	抱く (いだ)
□ 416	안정되다, 다스려지다 ★	治まる (おさ)
□ 417	알쏭달쏭, 불확실하고 애매모호한 모양	あやふや
□ 418	압력, 압박 ★	プレッシャー
□ 419	압승 ★	圧勝 (あっしょう)
□ 420	애매하다 ★	あいまいだ

☑ 외운 단어를 셀프 체크해 보세요.

	의미	적중 단어
☐ 421	약간 ★	若干 (じゃっかん)
☐ 422	얌전하다, 단아하다 ★	淑やかだ (しと)
☐ 423	양도하다, 물려주다, 양보하다 ★	譲る (ゆず)
☐ 424	어둑어둑하다	薄暗い (うすぐら)
☐ 425	어둠, 눈에 띄지 않는 곳	暗闇 (くらやみ)
☐ 426	어딘가 부족하다	物足りない (ものた)
☐ 427	어렴풋이, 희미하게	薄ら (うっす)
☐ 428	어슬렁어슬렁, 천천히 거니는 모양	ぶらぶら
☐ 429	어울리다 ★	相応しい (ふさわ)
☐ 430	어필, 호소	アピール

음원을 들으며 따라 읽어 보세요.

	의미	적중 단어
☐ 431	언뜻 보기에	一見(いっけん)
☐ 432	얻다 ★	得(え)る
☐ 433	얼다	凍(こお)る
☐ 434	엉터리, 아무렇게나 함	出鱈目(でたらめ)
☐ 435	여러 문제 ★	諸問題(しょもんだい)
☐ 436	여분, 쓸데없음 ★	余計(よけい)
☐ 437	여유	余裕(よゆう)
☐ 438	연기 ★	演技(えんぎ)
☐ 439	연설 ★	演説(えんぜつ)
☐ 440	연약하다 ★	軟弱(なんじゃく)だ

ㅇ

☑ 외운 단어를 셀프 체크해 보세요.

	의미	적중 단어
☐ 441	연장	延長(えんちょう)
☐ 442	열심히, 부지런히	せっせと
☐ 443	열화, 성능이 나빠짐	劣化(れっか)
☐ 444	영구, 영원 ★	永久(えいきゅう)
☐ 445	영수증 ★	領収書(りょうしゅうしょ)
☐ 446	옅다, 희미하다	淡(あわ)い
☐ 447	예의 ★	礼儀(れいぎ)
☐ 448	예측 ★	予測(よそく)
☐ 449	오래 끌다, 지연되다	長引(ながび)く
☐ 450	오버, 초과, 지나침	オーバー

DAY 09

3분 퀴즈 챌린지

학습일 : 월 일

맞은 개수 개/8개

퀴즈1 의미와 적중 단어를 바르게 연결해 보세요.

① 아슬아슬 · · A ぎりぎり

② 알쏭달쏭 · · B そわそわ

③ 싱숭생숭 · · C あやふや

퀴즈2 다음 적중 단어의 한자 표기로 올바른 것을 고르세요.

① 영구 えいきゅう A 氷久 B 永久

② 연기 えんぎ A 演枝 B 演技

③ 예측 よそく A 予則 B 予測

JLPT 챌린지 ____을 한자로 쓸 때 가장 알맞은 것을 1·2·3·4에서 하나 고르세요.

① 山田さんはとても<u>れいぎ</u>正しいです。 야마다 씨는 매우 예의 바릅니다.

1 礼義 2 礼儀 3 札義 4 札儀

② 友達が自転車を安く<u>ゆずって</u>くれた。

친구가 자전거를 싸게 양도해 주었다.

1 譲って 2 貸って 3 預って 4 売って

3분 퀴즈 챌린지 정답 체크

퀴즈1 ①A ②C ③B 퀴즈2 ①B ②B ③B JLPT 챌린지 ①2 ②1

오늘의 적중 단어 리스트

학습일 : 월 일

DAY 10 MP3

오늘의 적중 단어의 의미와 읽는 법을 외워봅시다!

☑ 외운 단어를 셀프 체크해 보세요.

		의미	적중 단어
☐	451	오직, 한결같이 ★	ひたすら
☐	452	온난 ★	温暖(おんだん)
☐	453	온화하다	穏(おだ)やかだ
☐	454	온화하다, 부드럽다	和(なご)やかだ
☐	455	온후	温厚(おんこう)
☐	456	올라가다 ★	昇(のぼ)る
☐	457	옷감, 반죽	生地(きじ)
☐	458	완료 ★	完了(かんりょう)
☐	459	완만하다 ★	なだらかだ
☐	460	완만하다, 느슨하다	緩(ゆる)やかだ

음원을 들으며 따라 읽어 보세요.

	의미	적중 단어
☐ 461	완전히, 몽땅 ★	すっかり
☐ 462	완화	緩和(かんわ)
☐ 463	외견, 겉보기 ★	外見(がいけん)
☐ 464	외환 ★	為替(かわせ)
☐ 465	요구 ★	要求(ようきゅう)
☐ 466	요령 있음, 재주 있음 ★	器用(きよう)
☐ 467	요소, 요점	要所(ようしょ)
☐ 468	용모, 외모 ★	容姿(ようし)
☐ 469	우수	優秀(ゆうしゅう)
☐ 470	우연, 우연히 ★	偶然(ぐうぜん)

☑ 외운 단어를 셀프 체크해 보세요.

	의미	적중 단어
☐ 471	운영하다, 영위하다	営む（いとなむ）
☐ 472	원만	円満（えんまん）
☐ 473	원활 ★	円滑（えんかつ）
☐ 474	위기감	危機感（ききかん）
☐ 475	위반	違反（いはん）
☐ 476	윗사람에게 받다	頂戴する（ちょうだいする）
☐ 477	유도	誘導（ゆうどう）
☐ 478	유리 ★	有利（ゆうり）
☐ 479	유머	ユーモア
☐ 480	유연하다 ★	柔軟だ（じゅうなんだ）

 2회 

음원을 들으며 따라 읽어 보세요.

	의미	적중 단어
☐ 481	유익 ★	有益(ゆうえき)
☐ 482	유일 ★	唯一(ゆいいつ)
☐ 483	유지 ★	維持(いじ)
☐ 484	유치 ★	幼稚(ようち)
☐ 485	유쾌	愉快(ゆかい)
☐ 486	유효 ★	有効(ゆうこう)
☐ 487	은퇴	引退(いんたい)
☐ 488	응석을 받아주다	甘(あま)やかす
☐ 489	의도적	意図的(いとてき)
☐ 490	의뢰 ★	依頼(いらい)

ㅇ

☑ 외운 단어를 셀프 체크해 보세요.

	의미	적중 단어
☐ 491	의외	意外(いがい)
☐ 492	의욕	意欲(いよく)
☐ 493	의지하다, 믿다 ★	頼る(たよ)
☐ 494	이끌다 ★	導く(みちび)
☐ 495	이따금, 가끔	ちょくちょく
☐ 496	이루다, 성취하다	遂げる(と)
☐ 497	이문화 ★	異文化(いぶんか)
☐ 498	이상하다	変だ(へん)
☐ 499	이수	履修(りしゅう)
☐ 500	이어지다, 연결되다	繋がる(つな)

DAY 10 3분 퀴즈 챌린지

학습일 : 월 일

맞은 개수 개/8개

퀴즈1 의미와 적중 단어를 바르게 연결해 보세요.

① 오직 · · A ちょくちょく

② 완전히 · · B すっかり

③ 이따금 · · C ひたすら

퀴즈2 다음 적중 단어의 한자 표기로 올바른 것을 고르세요.

① 외환 かわせ A 為替 B 為潜

② 유치 ようち A 幼維 B 幼稚

③ 위반 いはん A 違判 B 違反

JLPT 챌린지 ＿＿의 읽는 법으로 가장 알맞은 것을 1·2·3·4에서 하나 고르세요.

① 森選手は引退し、監督になるそうだ。

모리 선수는 은퇴하고 감독이 된다고 한다.

1 にんたい 2 いんたい 3 にんてい 4 いんてい

② 伊藤さんは容姿も性格もいい。 이토 씨는 외모도 성격도 좋다.

1 ようし 2 よし 3 ようす 4 よす

3분 퀴즈 챌린지 정답 체크

퀴즈1 ①C②B③A 퀴즈2 ①A②B③B JLPT 챌린지 ①2②1

오늘의 적중 단어 리스트

학습일 : 월 일

오늘의 적중 단어의 의미와 읽는 법을 외워봅시다!

☑ 외운 단어를 셀프 체크해 보세요.

	의미	적중 단어
☐ 501	이유, 까닭 ★	所以(ゆえん)
☐ 502	이윽고, 머지않아	やがて
☐ 503	이익 ★	利益(りえき)
☐ 504	이행, 바뀜 ★	移行(いこう)
☐ 505	인용	引用(いんよう)
☐ 506	인정하다, 좋게 평가하다 ★	認(みと)める
☐ 507	일단 ★	一応(いちおう)
☐ 508	일단, 한때	一旦(いったん)
☐ 509	일제히	一斉(いっせい)に
☐ 510	일종, 조금, 뭔가	一種(いっしゅ)

음원을 들으며 따라 읽어 보세요.

	의미	적중 단어
☐ 511	일찌이, 예전부터	かつて
☐ 512	일치	一致(いっち)
☐ 513	임금, 보수	賃金(ちんぎん)
☐ 514	임시 채용 ★	仮採用(かりさいよう)
☐ 515	잇따르다, 이어받다	相次ぐ(あいつぐ)
☐ 516	자극	刺激(しげき)
☐ 517	자랑, 긍지, 명예로움	誇り(ほこり)
☐ 518	자세 ★	姿勢(しせい)
☐ 519	자주, 여러 번	しばしば
☐ 520	작성	作成(さくせい)

ㅈ

☑ 외운 단어를 셀프 체크해 보세요.

	의미	적중 단어
☐ 521	작품집	さくひんしゅう 作品集
☐ 522	잠깐, 당분간 ★	しばらく
☐ 523	잡다	つか 掴む
☐ 524	장애, 방해물	しょうがい 障害
☐ 525	장치 ★	そう ち 装置
☐ 526	장황하다, 끈덕지다	くど 諄い
☐ 527	재검토하다, 재평가하다 ★	み なお 見直す
☐ 528	재배 ★	さいばい 栽培
☐ 529	재차 ★	さい ど 再度
☐ 530	재촉 ★	さいそく 催促

음원을 들으며 따라 읽어 보세요.

	의미	적중 단어
☐ 531	재촉하다, 촉구하다 ★	促(うなが)す
☐ 532	저절로, 자연히	独(ひと)りでに
☐ 533	저항	抵抗(ていこう)
☐ 534	적극적 ★	積極的(せっきょくてき)
☐ 535	적당함	手頃(てごろ)
☐ 536	적당함, 알맞음	適度(てきど)
☐ 537	적어도	少(すく)なくとも
☐ 538	적절하다 ★	適切(てきせつ)だ
☐ 539	전문가, 숙련자 ★	玄人(くろうと)
☐ 540	전속 ★	専属(せんぞく)

ㅈ

☑ 외운 단어를 셀프 체크해 보세요.

	의미	적중 단어
□ 541	전철 요금 ★	電車賃(でんしゃちん)
□ 542	전통 ★	伝統(でんとう)
□ 543	절약 ★	節約(せつやく)
□ 544	절절히, 마음속에 절실히 느끼는 모양	しみじみ
□ 545	점점, 더욱더	ますます
□ 546	점점, 점차	次第(しだい)に
□ 547	점치다	占(うらな)う
□ 548	접다, 개다 ★	畳(たた)む
□ 549	접속 ★	接続(せつぞく)
□ 550	접촉	接触(せっしょく)

DAY 11 3분 퀴즈 챌린지

학습일 : 월 일

맞은 개수 개/8개

퀴즈1 의미와 적중 단어를 바르게 연결해 보세요.

① 일단 · · A 一応(いちおう)

② 일치 · · B 一種(いっしゅ)

③ 일종 · · C 一致(いっち)

퀴즈2 다음 적중 단어의 한자 표기로 올바른 것을 고르세요.

① 자극 しげき A 刺撃 B 刺激

② 저항 ていこう A 抵抗 B 低抗

③ 재배 さいばい A 栽培 B 栽倍

JLPT 챌린지 ＿＿＿을 한자로 쓸 때 가장 알맞은 것을 1·2·3·4에서 하나 고르세요.

① このラーメン屋は<u>でんとう</u>を守り続けている。

이 라멘 가게는 전통을 계속 지키고 있다.

1 伝授 2 伝達 3 伝承 4 伝統

② これはを空気をきれいにする<u>そうち</u>です。

이것은 공기를 깨끗하게 하는 장치입니다.

1 装置 2 措置 3 招置 4 調置

3분 퀴즈 챌린지 정답 체크

퀴즈1 ①A②C③B **퀴즈2** ①B②A③A **JLPT 챌린지** ①4②1

오늘의 적중 단어 리스트

DAY 12 MP3

☑ 외운 단어를 셀프 체크해 보세요.

		의미	적중 단어
☐	551	접하다, 만나다	接する (せっ)
☐	552	정돈하다, 조절하다 ★	整える (ととの)
☐	553	정산	精算 (せいさん)
☐	554	정상 ★	頂上 (ちょうじょう)
☐	555	정세, 형세	情勢 (じょうせい)
☐	556	정정 ★	訂正 (ていせい)
☐	557	정하다 ★	定める (さだ)
☐	558	정확히 ★	きちんと
☐	559	제공 ★	提供 (ていきょう)
☐	560	제멋대로 함 ★	勝手 (かって)

음원을 들으며 따라 읽어 보세요.

		의미	적중 단어
☐	561	제멋대로 함, 버릇없음 ★	わがまま
☐	562	제시 ★	提示(ていじ)
☐	563	제조 ★	製造(せいぞう)
☐	564	제휴★	提携(ていけい)
☐	565	조금, 약간 ★	わずか
☐	566	조마조마, 조바심 내는 모양	はらはら
☐	567	조우, 우연히 만남	遭遇(そうぐう)
☐	568	조잡하다, 엉성하다	雑(ざつ)だ
☐	569	조절 ★	調節(ちょうせつ)
☐	570	조직 ★	組織(そしき)

ㅈ

☑ 외운 단어를 셀프 체크해 보세요.

		의미	적중 단어
☐	571	조치	措置(そち)
☐	572	존중 ★	尊重(そんちょう)
☐	573	좌우 ★	左右(さゆう)
☐	574	주간, 낮 ★	昼間(ちゅうかん)
☐	575	주거	住居(じゅうきょ)
☐	576	주고받다, 교차하다	交(かわ)す
☐	577	주로, 대부분 ★	主(おも)に
☐	578	주름이 지다, 줄어들다	縮(ちぢ)む
☐	579	주저하다, 망설이다 ★	躊躇(ためら)う
☐	580	준결승 ★	準決勝(じゅんけっしょう)

음원을 들으며 따라 읽어 보세요.

	의미	적중 단어
☐ 581	줄줄, 잇달아 끌리는 모양	ぞろぞろ
☐ 582	중계 ★	中継(ちゅうけい)
☐ 583	중단 ★	中断(ちゅうだん)
☐ 584	쥐다, 잡다 ★	握(にぎ)る
☐ 585	쥐어짜다, 좁히다 ★	絞(しぼ)る
☐ 586	지다 ★	敗(やぶ)れる
☐ 587	지원, 원조 ★	支援(しえん)
☐ 588	지원, 자원 ★	志願(しがん)
☐ 589	지장이 있다 ★	差(さ)し支(つか)える
☐ 590	지참	持参(じさん)

ㅈ

☑ 외운 단어를 셀프 체크해 보세요.

	의미	적중 단어
☐ 591	직경	直径(ちょっけい)
☐ 592	직면하다 ★	面(めん)する
☐ 593	직전	直前(ちょくぜん)
☐ 594	직전, 찰나 ★	間際(まぎわ)
☐ 595	직접 ★	直(じか)に
☐ 596	진지하다	真剣(しんけん)だ
☐ 597	짐작 가는 곳, 짚이는 데	心当(こころあ)たり
☐ 598	짐작, 예상	見当(けんとう)
☐ 599	집다, 요약하다	摘(つ)まむ
☐ 600	짙다, 진하다 ★	濃(こ)い

DAY 12

3분 퀴즈 챌린지

학습일 : 월 일

맞은 개수 개/8개

퀴즈1 의미와 적중 단어를 바르게 연결해 보세요.

① 중계 · · A 中継(ちゅうけい)

② 중단 · · B 精算(せいさん)

③ 정산 · · C 中断(ちゅうだん)

퀴즈2 다음 적중 단어의 한자 표기로 올바른 것을 고르세요.

① 제조 せいぞう A 製造 B 制造

② 조직 そしき A 組識 B 組織

③ 주거 じゅうきょ A 住居 B 主居

JLPT 챌린지 ＿＿의 단어에 의미가 가장 가까운 것을 1·2·3·4에서 하나 고르세요.

① この資料を部長に<u>直接</u>伝えてください。 이 자료를 부장님께 직접 전해주세요.

1 あとで 2 直に 3 確実に 4 すべて

② 弟は私の部屋に<u>勝手に</u>入ってくる。 남동생은 내 방에 제멋대로 들어온다.

1 自分に 2 わがままに 3 主に 4 うるさく

3분 퀴즈 챌린지 정답 체크

퀴즈1 ①A②C③B 퀴즈2 ①A②B③A JLPT 챌린지 ①2②2

오늘의 적중 단어 리스트

학습일 :　　월　　일

DAY 13 MP3

오늘의 적중 단어의 의미와 읽는 법을 외워봅시다!

☑ 외운 단어를 셀프 체크해 보세요.

		의미	적중 단어
☐	601	차단하다, 방해하다 ★	遮(さえぎ)る
☐	602	차라리, 오히려 ★	寧(むし)ろ
☐	603	차지하다 ★	占(し)める
☐	604	착각	勘違(かんちが)い
☐	605	착수하다, 시작하다	取(と)り掛(か)かる
☐	606	찰나에 ★	途端(とたん)に
☐	607	참다, 견디다 ★	堪(こら)える
☐	608	창가	窓際(まどぎわ)
☐	609	책임, 역할 ★	役目(やくめ)
☐	610	척척, 순조롭게	着々(ちゃくちゃく)と

음원을 들으며 따라 읽어 보세요.

	의미	적중 단어
☐ 611	철저하게	徹底的に (てっていてき)
☐ 612	첨부	添付 (てんぷ)
☐ 613	체격	体格 (たいかく)
☐ 614	체납	滞納 (たいのう)
☐ 615	체인지, 교체	チェンジ
☐ 616	초대장 ★	招待状 (しょうたいじょう)
☐ 617	초보, 첫걸음 ★	初歩 (しょほ)
☐ 618	초점 ★	焦点 (しょうてん)
☐ 619	초조해하다, 안달나다 ★	焦る (あせ)
☐ 620	총 판매액 ★	総売上 (そううりあげ)

ㅊ

☑ 외운 단어를 셀프 체크해 보세요.

	의미	적중 단어
□ 621	총액	総額(そうがく)
□ 622	추상적	抽象的(ちゅうしょうてき)
□ 623	추적	追跡(ついせき)
□ 624	추진력 ★	推進力(すいしんりょく)
□ 625	추천 ★	推薦(すいせん)
□ 626	추첨 ★	抽選(ちゅうせん)
□ 627	축, 곤히, 녹초가 된 모양	ぐったり
□ 628	축축, 습기가 많은 모양 ★	じめじめ
□ 629	축축하게 하다, 윤택하게 하다	潤(うるお)す
□ 630	축축해지다, 습기 차다	湿(しめ)る

음원을 들으며 따라 읽어 보세요.

	의미	적중 단어
☐ 631	출세 ★	出世(しゅっせ)
☐ 632	충실	忠実(ちゅうじつ)
☐ 633	취급하다 ★	取(と)り扱(あつか)う
☐ 634	취득	取得(しゅとく)
☐ 635	취미 ★	趣味(しゅみ)
☐ 636	취사 ★	炊事(すいじ)
☐ 637	취재 ★	取材(しゅざい)
☐ 638	치료	治療(ちりょう)
☐ 639	칠칠치 못하다	だらしない
☐ 640	침범하다, 침해하다 ★	侵(おか)す

ㅊ

☑ 외운 단어를 셀프 체크해 보세요.

	의미	적중 단어
□ 641	캔슬, 취소 ★	キャンセル
□ 642	쾌적	快適(かいてき)
□ 643	쾌조, 호조	快調(かいちょう)
□ 644	쾌청	晴(は)れやか
□ 645	클리어, 합격	クリア
□ 646	타깃, 목표	ターゲット
□ 647	타다 ★	焦(こ)げる
□ 648	타당, 적절 ★	妥当(だとう)
□ 649	탁하게 되다, 흐려지다 ★	濁(にご)る
□ 650	태연	平然(へいぜん)

DAY 13

3분 퀴즈 챌린지

학습일 : 월 일

맞은 개수 개/8개

퀴즈1 의미와 적중 단어를 바르게 연결해 보세요.

① 역할 · · A 妥当(だとう)

② 추적 · · B 追跡(ついせき)

③ 타당 · · C 役目(やくめ)

퀴즈2 다음 적중 단어의 한자 표기로 올바른 것을 고르세요.

① 추천 すいせん A 抽選 B 推薦

② 첨부 てんぷ A 添付 B 添符

③ 초보 しょほ A 初歩 B 初捗

JLPT 챌린지 ＿＿＿을 한자로 쓸 때 가장 알맞은 것을 1·2·3·4에서 하나 고르세요.

① 彼は社員に入社して社長にまでしゅっせした。

그는 사원으로 입사해서 사장까지 출세했다.

1 昇成　2 出世　3 昇世　4 出成

② 大丈夫ですから、そんなにあせらないでください。

괜찮으니까 그렇게 초조해하지 마세요.

1 焦らないで　2 騒らないで　3 競らないで　4 暴らないで

3분 퀴즈 챌린지 정답 체크

퀴즈1 ①C ②B ③A　**퀴즈2** ①B ②A ③A　**JLPT 챌린지** ①2 ②1

오늘의 적중 단어 리스트

DAY 14 MP3

학습일 : 월 일

오늘의 적중 단어의 의미와 읽는 법을 외워봅시다!

☑ 외운 단어를 셀프 체크해 보세요.

		의미	적중 단어
☐	651	토론	討論(とうろん)
☐	652	토의 ★	討議(とうぎ)
☐	653	통일 ★	統一(とういつ)
☐	654	퇴장 ★	退場(たいじょう)
☐	655	퇴출 ★	退出(たいしゅつ)
☐	656	투덜거리다, 불평하다	ぼやく
☐	657	투덜투덜, 낮은 소리로 불평하는 모양	ぶつぶつ
☐	658	튀다, 흩날리다	飛(と)び散(ち)る
☐	659	특기	特技(とくぎ)
☐	660	특색 ★	特色(とくしょく)

음원을 들으며 따라 읽어 보세요.

	의미	적중 단어
☐ 661	특수 ★	特殊（とくしゅ）
☐ 662	특징 ★	特徴（とくちょう）
☐ 663	튼튼하다 ★	頑丈だ（がんじょう）
☐ 664	틈, 짬	合間（あいま）
☐ 665	틈, 짬 ★	隙間（すきま）
☐ 666	파괴	破壊（はかい）
☐ 667	파악 ★	把握（はあく）
☐ 668	파편	破片（はへん）
☐ 669	(타이어) 펑크, 구멍	パンク
☐ 670	편하게, 선뜻	気軽に（きがる）

ㅌ

☑ 외운 단어를 셀프 체크해 보세요.

		의미	적중 단어
☐	671	평탄	平坦(へいたん)
☐	672	평판, 소문 ★	評判(ひょうばん)
☐	673	평행	平行(へいこう)
☐	674	폐지 ★	廃止(はいし)
☐	675	(도로) 포장 ★	舗装(ほそう)
☐	676	포함시키다 ★	含(ふく)める
☐	677	포함하다, 품다, 함축하다	含(ふく)む
☐	678	폭, 너비 ★	幅(はば)
☐	679	표시, 안표	目印(めじるし)
☐	680	표현 ★	表現(ひょうげん)

음원을 들으며 따라 읽어 보세요.

	의미	적중 단어
☐ 681	품, 수고	手間(てま)
☐ 682	풍부 ★	豊富(ほうふ)
☐ 683	풍부하다 ★	豊(ゆた)かだ
☐ 684	풍족하다, 혜택받다, 복 받다 ★	恵(めぐ)まれる
☐ 685	피난	避難(ひなん)
☐ 686	피부	皮膚(ひふ)
☐ 687	피하다, 꺼리다 ★	避(さ)ける
☐ 688	하순 ★	下旬(げじゅん)
☐ 689	한가로이, 느긋한 모양 ★	のんびり
☐ 690	한꺼번에, 동시에 ★	いっぺんに

Ⅱ

☑ 외운 단어를 셀프 체크해 보세요.

	의미	적중 단어
☐ 691	한산	閑散(かんさん)
☐ 692	한순간, 그 순간	一瞬(いっしゅん)
☐ 693	한정 ★	限定(げんてい)
☐ 694	한층 더, 더욱더	一層(いっそう)
☐ 695	함부로, 터무니없이 ★	無闇(むやみ)に
☐ 696	함유	含有(がんゆう)
☐ 697	합동	合同(ごうどう)
☐ 698	합병 ★	合併(がっぺい)
☐ 699	항례, 보통 있는 일 ★	恒例(こうれい)
☐ 700	해명	解明(かいめい)

DAY 14 3분 퀴즈 챌린지

학습일 : 월 일

맞은 개수 개/8개

퀴즈1 의미와 적중 단어를 바르게 연결해 보세요.

① 특수 · · A 特殊(とくしゅ)

② 특징 · · B 特徴(とくちょう)

③ 특기 · · C 特技(とくぎ)

퀴즈2 다음 적중 단어의 한자 표기로 올바른 것을 고르세요.

① 한산 かんさん A 閑産 B 閑散

② 함유 がんゆう A 含有 B 合有

③ 토의 とうぎ A 討儀 B 討議

JLPT 챌린지 ( )에 들어갈 가장 알맞은 것을 1·2·3·4에서 하나 고르세요.

① 休日は家でマンガを読んで( )過ごした。

휴일은 집에서 만화를 읽고 한가로이 보냈다.

1 がらがら 2 ぐっすり 3 のんびり 4 だぶだぶ

② この旅館は朝食が( )いる。 이 료칸은 아침 식사가 포함되어 있다.

1 納めれて 2 決められて 3 恵まれて 4 含まれて

3분 퀴즈 챌린지 정답 체크

퀴즈1 ①A ②B ③C **퀴즈2** ①B ②A ③B **JLPT 챌린지** ①3 ②4

오늘의 적중 단어 리스트

학습일 : 월 일

DAY 15 MP3

오늘의 적중 단어의 의미와 읽는 법을 외워봅시다!

☑ 외운 단어를 셀프 체크해 보세요.

	의미	적중 단어
☐ 701	해방 ★	解放(かいほう)
☐ 702	해산	解散(かいさん)
☐ 703	해약	解約(かいやく)
☐ 704	행렬	行列(ぎょうれつ)
☐ 705	행방 ★	行方(ゆくえ)
☐ 706	행사 ★	行事(ぎょうじ)
☐ 707	허무하다, 헛되다 ★	空(むな)しい
☐ 708	허물없다, 거리낌 없다	気安(きやす)い
☐ 709	허술하다, 변변찮다	粗末(そまつ)だ
☐ 710	허영	虚栄(きょえい)

1회 2회 3회

음원을 들으며 따라 읽어 보세요.

	의미	적중 단어
□ 711	헌법	憲法(けんぽう)
□ 712	헐렁헐렁, 몸에 맞지 않는 모양	だぶだぶ
□ 713	험하다 ★	険(けわ)しい
□ 714	현 제도	現制度(げんせいど)
□ 715	현격히	格段(かくだん)に
□ 716	현명	賢明(けんめい)
□ 717	현상	現象(げんしょう)
□ 718	현저하다, 분명하다 ★	著(いちじる)しい
□ 719	호화스럽다	豪華(ごうか)だ
□ 720	호흡	呼吸(こきゅう)

ㅎ

☑ 외운 단어를 셀프 체크해 보세요.

		의미	적중 단어
☐	721	혼동하기 쉽다, 헷갈리기 쉽다 ★	紛らわしい（まぎ）
☐	722	혼란 ★	混乱（こんらん）
☐	723	혼잡 ★	混雑（こんざつ）
☐	724	홀연, 곧, 금세 ★	忽ち（たちま）
☐	725	홍수 ★	洪水（こうずい）
☐	726	확보 ★	確保（かくほ）
☐	727	확산	拡散（かくさん）
☐	728	확실히, 분명히 ★	はっきり
☐	729	확장 ★	拡張（かくちょう）
☐	730	확충	拡充（かくじゅう）

1회 2회 3회

음원을 들으며 따라 읽어 보세요.

의미	적중 단어
☐ 731 환상, 환영	幻(まぼろし)
☐ 732 활기 ★	活気(かっき)
☐ 733 활발 ★	活発(かっぱつ)
☐ 734 활약	活躍(かつやく)
☐ 735 황급하다, 어수선하다	慌(あわ)ただしい
☐ 736 황송함, 송구스러움 ★	恐縮(きょうしゅく)
☐ 737 회계, 계산	会計(かいけい)
☐ 738 획득	獲得(かくとく)
☐ 739 후보 ★	候補(こうほ)
☐ 740 후유, 안심하는 모양 ★	ほっと

ㅎ

☑ 외운 단어를 셀프 체크해 보세요.

		의미	적중 단어
☐	741	훌륭하다 ★	偉(えら)い
☐	742	휴식 ★	休憩(きゅうそく)
☐	743	흐트러지다, 혼란해지다 ★	乱(みだ)れる
☐	744	흠뻑, 완전히 젖은 모양 ★	びっしょり
☐	745	흡수 ★	吸収(きゅうしゅう)
☐	746	흩어지다, 어질러지다 ★	散(ち)らかる
☐	747	희망대로 되다, 이루어지다	叶(かな)う
☐	748	희미함, 미미함 ★	微(かす)か
☐	749	희소, 매우 드묾 ★	希少(きしょう)
☐	750	힘껏 함, 열심히 함	懸命(けんめい)

DAY 15 3분 퀴즈 챌린지

학습일 : 월 일

맞은 개수 개/8개

퀴즈1 의미와 적중 단어를 바르게 연결해 보세요.

① 현저하다 • • A 慌ただしい
② 혼동하기 쉽다 • • B 著しい
③ 황급하다 • • C 紛らわしい

퀴즈2 다음 적중 단어의 한자 표기로 올바른 것을 고르세요.

① 행렬 ぎょうれつ A 行例 B 行列
② 홍수 こうずい A 供水 B 洪水
③ 현상 げんしょう A 現象 B 現賞

JLPT 챌린지 ＿＿의 읽는 법으로 가장 알맞은 것을 1·2·3·4에서 하나 고르세요.

① 風が吹いて髪が<u>乱れた</u>。 바람이 불어서 머리가 흐트러졌다.

1 ゆれた 2 やぶれた 3 みだれた 4 あれた

② 学園祭の日は学校が<u>活気</u>にあふれている。

학교 축제날은 학교가 활기에 넘친다.

1 かつき 2 かっき 3 がっき 4 がつき

3분 퀴즈 챌린지 정답 체크

퀴즈1 ①B②C③A 퀴즈2 ①B②B③A JLPT 챌린지 ①3②2

MEMO

MEMO

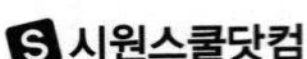
S 시원스쿨닷컴